Buchners Schulbibliothek der Moderne

14,8

JENS SPARSCHUH

DER ZIMMER-SPRINGBRUNNEN

Ein Heimatroman

TEXT & KOMMENTAR

Buchners Schulbibliothek der Moderne
Herausgegeben von Karl Hotz

Heft 27

Jens Sparschuh
Der Zimmerspringbrunnen
Ein Heimatroman

Kommentiert von Wolfgang Reitzammer

Lektorat: Gerhard C. Krischker

1. Auflage 1 [3 2 1] 2011 2009 2007
Die letzte Zahl bedeutet das Jahr dieses Druckes.
Alle Drucke dieser Auflage sind, weil untereinander unverändert, nebeneinander benutzbar.

Gesamtherstellung: Pustet, Regensburg

www.ccbuchner.de

ISBN 978 3 7661 **3977** 1

Inhalt

Statt eines Vorworts

«Hätten Sie diesen wunderbaren Roman auch ohne den Deutschunterricht gelesen? Der Deutschunterricht ist ja nicht nur dazu da, Deutschlehrer zu beschäftigen.

Rückblickend muss ich sagen, dass mir ohne meine Deutschlehrer sehr, sehr viel fehlen würde.

Zu dieser Einsicht bin ich aber auch erst später gekommen.»

Jens Sparschuh

«Nur die Oberflächlichen kennen sich gründlich.»
Oscar Wilde

Eins zwei drei Jahre als Jäger in den eigenen vier Wänden

Endlich, endlich! Mein HALLO-BERLIN-Wochenhoroskop hatte grünes Licht gegeben! Damit Freitag, der alte Schnüffler, mich beim Überlegen nicht stören konnte, gab ich ihm ein paar Löffel Futter in die Schüssel. Dann wusch ich mir die Hände und setzte mich an den Küchentisch. – Er fraß. Ich überlegte. – Lesebrille brauchte ich nicht. Den Text kannte ich fast auswendig.

Liebe: Rosige Zeiten sind in Sicht. Das Glück läuft Ihnen nun nach. Sie erleben eine unvergessliche Woche.

Beruf: Ein Plan entwickelt sich etwas ungewöhnlich. Kein Grund zur Beunruhigung. Treffen Sie Entscheidungen jetzt!

Allgemeines: Bleiben Sie gelassen. Durch überlegtes Handeln können Sie gewinnen. Es kann nur besser werden!

– Darüber sollte nachzudenken sein!

Wie gewöhnlich hatte Julia («Juli») gegen 7.15 Uhr unsere gemeinsame Wohnung verlassen. Ich war noch zum Fenster gegangen, hatte hinuntergewinkt, atemlos von meinem Hochstand aus ihr ruppig rasantes Ausparkmanöver beobachtet, es nur hilflos, getarnt durch die Gardine, mit aufzuckenden Schmerzgrimassen kommentierend – dann aber: sofort an die Arbeit!

Eintrag ins Protokollbuch: «Observationsobjekt J. verlässt gegen 7.15 Uhr die eheliche Wohnung (Lila Lippenstift ...!).

Vorausgegangen am Vorabend: telefonische Absprache der J. mit einem gewissen Hugelmann oder Hugemann – offenbar der neue Abteilungsleiter (nähere Informationen liegen derzeit noch nicht vor). Es fielen im Gespräch wiederholt die Worte ‹toll›, ‹das ist ja toll› und ‹wirklich, das ist ja toll›».

Am Abend zuvor – obwohl Julia «Ich geh schon!» aus dem Badezimmer gerufen hatte, nahm ich den Hörer ab; ich stand gerade daneben. Auf mein geknurrtes «Hallo» hin legte die Männerstimme am anderen Ende eine verdutzte Schweigesekunde ein, um dann, ziemlich unbeeindruckt übrigens, Frau Lobek zu verlangen, Betonung auf Frau.

Die Stimme hätte ohne weiteres ja auch fragen können «Darf

ich bitte Ihre Frau sprechen?» – aber nein, das tat sie nicht. Wahrscheinlich hatte sie Gründe dafür, in Julia etwas anderes als meine Frau zu sehen.

Julia, direkt unter der Dusche hervor, nahm mir den Hörer aus der Hand. «Lobek ...», hauchte sie in die Sprechmuschel. An der Art, wie sie das sagte, merkte ich, sie hatte diesen Anruf erwartet.

Und dann telefonierte sie also, nackt und tropfnass und ganz selbstverständlich mit diesem Hugelmann oder Hugemann. Ich wollte ihr den Bademantel holen, damit sie sich wenigstens, wenn sie schon mit diesem Herrn spricht, etwas überhängt. Aber sie klappte nur kurz, verneinend die Augenlider herunter, ein winziges Kopfschütteln, dann wischte sie mich mit einer abwinkenden Handbewegung einfach beiseite. (Ihr Mund halb offen – wahrscheinlich, um besser aufzuschnappen, was Hugelmann/Hugemann ihr ins Ohr flüsterte ...)

«Ich geh schon», echote es in mir, «ich geh schon ...»

Ich musste mich beruhigen. Also zog ich mich diskret in den Hobbyraum zurück, um mich dort meinen Laubsägearbeiten hinzugeben. Julia, über den Apparat gebeugt, ganz Ohr, schien das schon gar nicht mehr zu registrieren.

Wohl aber registrierte ich, vom Hobbyraum aus, wo ich ein klein bisschen rumorte – an ernsthafte Laubsägearbeit war natürlich nicht zu denken! – die eingangs protokollierten Wortfetzen.

Das dazu. Und – ab damit zu den Akten!

Julia hatte also, wie gewöhnlich, die Wohnung verlassen, ich – meinen Posten am Küchentisch bezogen. Für diesen Tag aber stand, anders als sonst, Wichtiges, Bedeutsames auf dem Plan: Ich musste eine Bewerbung schreiben!

Eigentlich wollte ich dieses wurstige HALLO-BERLIN-Anzeigenblatt nicht mehr lesen. Ich schlug es nur wegen des Horoskops auf. Die Sterne lügen nicht! (Das können sie nämlich gar nicht; sie wissen ja auch nicht, was die Wahrheit ist ...) Ohne abergläubisch zu sein, hatte ich aber bisher durchaus immer etwas Wahres in meinem Wassermann-Horoskop gefunden, oder anders: richtig falsche Tipps gaben sie einem im Grunde genommen nie. Damals überzeugte mich vielleicht Punkt 1 (Stichwort LIEBESLEBEN) etwas weniger – dafür aber umso mehr die Punkte 2 und 3, wobei letzterer (ALLGEMEINES) geradezu speziell auf mich zugeschnitten zu sein schien.

Auf der Nebenseite, unter den Stellenangeboten, hatte ich die kleine, unscheinbare Annonce gefunden. Normalerweise wäre sie mir gar nicht aufgefallen, und schon beim ersten Satz, «Wenn Sie auf 5000,– DM und mehr im Monat verzichten können, brauchen Sie nicht weiterzulesen –», hätte ich aufgehört weiterzulesen. Dass ich dennoch weiterlas, lag wahrscheinlich daran, dass mir das «Treffen Sie Entscheidungen jetzt!» von Punkt 2 noch im Kopf herumgeisterte. Die Firma PANTA RHEIn (das kleine, in Schreibschrift angehängte «n» offenbar ein launiger Hinweis auf den oberrheinischen Firmenstandort) vertritt seit Jahren erfolgreich einen eingeführten Markenartikel und sucht für den Vertrieb im Raum Berlin/Brandenburg einen engagierten Vertreter. An Voraussetzungen waren lediglich Fahrerlaubnis und Einsatzbereitschaft genannt. (Fahrerlaubnis habe ich.) Erfahrungen im Vertreterbereich wären wünschenswert, aber, so die Einschränkung, «keineswegs Bedingung».

Was sprach dagegen?

Die Kreise, in denen ich mich bewegte, waren in den letzten Jahren immer kleiner, immer enger geworden. Eigentlich bewegte ich mich gar nicht mehr, sondern saß, seit meiner Abwicklung, nur noch in der Wohnung herum. Oder: ich lag einfach auf dem Sofa und starrte zum Fenster, ganze Nachmittage ... Das Fenster hing schief, wahrscheinlich, weil mein Kopf schief hing. Aber den verrückten Kopf geradezurücken, dazu hatte ich nicht die Kraft. So blieb auch das Fenster in der Schräglage. Die Stubenfliege kurvte unentwegt durchs Zimmer. Kaum, dass sie mal eine Pause machen, ein paar Schrittchen auf der Fensterscheibe laufen würde – schon war sie wieder unterwegs, hing zwischen ihren schwirrenden Flügeln in den Lüften herum. Ich stellte mir vor und sah es richtig vor mir: überall, wo sie fliegt, hinterlässt sie eine schwarze Spur. Ein Gewirr abgewickelter Zwirnsfäden kreuz und quer durchs Zimmer. Ich richtete mich auf, saß auf dem Sofa, die Schultern sackten herab. Mühsam kam ich hoch, tappte zum Fenster, mir wurde schwarz vor Augen. Mit der Hand schob ich das schwarze Fadengewirr beiseite, zog den Kopf ein, zog das Fenster auf. Vogelgequietsch. In den Bäumen saßen die Insektenvertilger und warteten. Sie hatten Zeit und pfiffen sich eins. Nach mehreren Anflügen schaffte es die Fliege, endlich – hinaus, in die Freiheit! Gute Reise, kleine Fliege – ich kann dich nicht begleiten, weil-ich-hier-bleiben-muss ...

Sogar Julia – obwohl das nichts zu sagen hatte – sagte damals: «Du musst einfach wieder raus, du musst unter Menschen.» Ob sie da schon ihren Herrn Hugelmann oder Hugemann kannte? Ich weiß es nicht. Das tut auch nichts zur Sache. Fakt aber war – und das wusste ich von Möbius, den ich aus meiner KWV-Zeit kannte –: Zum 1. 1. sollte wieder die Miete erhöht werden. Mein letztes Rückzugsgebiet, die Wohnung, war also in Gefahr! («Dein Feuchtraumbiotop», wie Julia es immer nannte – dazu aber später.)

An Versuchen, wieder Fuß zu fassen, hatte es ja nicht gefehlt. Nicht, dass es mich sonderlich nach draußen gezogen hätte. Aber inzwischen (genauer: nach über drei Jahren erzwungenen Hausmannsdaseins) wurde das Leben in den häuslichen vier Wänden für mich zum täglichen Überlebenstraining. Seit ich regelmäßig auch tagsüber zu Hause saß, merkte ich: Neubauwohnungen sind nichts anderes als Zellentrakte.

Dann wieder – und das lag wahrscheinlich daran, dass ich mit Freitag eingesperrt war – kam mir die Wohnung wie ein Tier vor. Das aufgeklappte Maul der Tür – und hinein, ins dunkle Innere. Der lange Flur – die Speiseröhre, die dich verschlingt, Fenster, trübe Augen, die den Blick nach draußen kaum freigeben. Die Rohre sind Adern; Därme die Abflussrohre, ingrimmig glucksend … Unterm dünnen Putz, im mürben Fleisch der Betonwand, das flimmernde Nervengeäst, die elektrischen Leitungen.

Um im Bild zu bleiben: Mein kleiner Hobbyraum wäre demnach das geistige Schaltzentrum, das Hirn der Wohnung gewesen. Und so war es auch! Sobald ich nämlich den Hobbyraum verließ, mich vielleicht ein bisschen hinlegte, zum Fenster schaute, hatte ich das Gefühl, ich würde allmählich verdaut werden …

Dabei – ich kann mich noch erinnern, wie froh wir damals waren, als wir endlich diese Neubauwohnung bekamen! Nach Jahren, unseligen Angedenkens, in einem Mietshaus am Rande des Prenzlauer Bergs – am Rande des Wahnsinns!

Dieses Mietshaus. Von außen betrachtet, alles in allem, konnte man ja meinen: eine ganz passable Bruchbude, warum nicht? Sogar mit einer Rosette über der Toreinfahrt, noch vom Krieg zerschossen. Überhaupt: die Fassade sah aus, als wäre 45 der Kampf um Berlin vor allem um dieses Haus geführt worden … Aber, immerhin: zwei Zimmer, Küche und (Luxus!) sogar ein schlauchartiges, immer eiskaltes Bad. Die Zimmer nach Norden. Wenn die Sonne schien, sah man das in den Nachrichten oder an den Schatten der Tauben auf der Hauswand gegenüber. (Doch das sahen wir erst später.) Dafür, als Mittelwohnung, von allen Seiten schön eingebaut. Sicher schön warm im Winter, dachten wir. Sicher. – Aber eben auch schön laut. Im Frühling. Im Sommer. Im Herbst. Und im Winter.

Ich erinnere mich noch an den ersten Abend. Erst dachten wir: Wenn erst mal die Teppiche liegen, wird sich das schon geben – die Stimmen, die Musik ... Es musste ja. Schließlich waren wir mit dieser Wohnung, wie es wohnungsamtlich hieß, «endversorgt».

Die Nachbarin links, tagsüber eine unscheinbare Kassiererin in einer Kaufhalle, entpuppte sich nachts als GRÖSSTER PETER MAFFAY-FAN ALLER ZEITEN – und eben dieses Hauses. Eine besondere Einlage jedesmal, wenn sie um Mitternacht in ein Mikrophon sprach, die Lautsprecher angeschlossen: «Ich bin Marina, jawohl, und alle denken, ich bin bloß Kassiererin. Aber ... ihr wisst nichts, nichts wisst ihr ...» usw. Ergriffen im Bett liegen, die Arme unterm Kopf verschränkt, und jemand erzählte uns seine Lebensgeschichte durch die Wand. (Einmal, früh um halb fünf, klingelte bei uns dieser junge Mann, der wie Peter Maffay aussah, es aber nicht war, und fragte: «Wo ist Marina?»)

Die Bäckerfamilie rechts unten. Die hatten ihren akustischen Kulminationspunkt kurz vor halb zwei Uhr nachts, bevor der Mann zur Arbeit und die Frau ins Bett ging: diese endlos quiekenden Kicherkaskaden (was trieben die da?) für alle Ewigkeiten ins Gedächtnis eingebrannt.

Die ältere Dame rechts, um ihre Altersschwerhörigkeit beneidet, griff nur vormitttags kurzzeitig ins akustische Geschehen ein und steuerte das gemeinsame Vormittagsprogramm von ARD und ZDF bei. Zum unbestrittenen Höhepunkt der Woche geriet aber erst der Freitagabend: Freddy, in der Wohnung links unter uns! Nach der geistigen Notversorgung mit dem Freitagabendfernsehprogramm meldeten sich regelmäßig auch die körperlichen Bedürfnisse zu Wort: «Wer von Euch Bastarde hat meine Hackepeterschrippe jefressen?» Diese Frage löste wilde Verfolgungsjagden durch die Wohnung aus. Langwierige Verhandlungen durch zugesperrte, mit Füßen traktierte Türen, leider immer nur die Hälfte verstehbar. Ein demonstratives: «Ha! Ha! Det ick nich lache», oder einfach, als Vorschlag zur Güte: «Ick zähle bis drei, wenn denn nich off ist, schlag ick dir dot.» Flaschenklirren, Geschrei, gegen zwei oder drei dann der zum Himmel beziehungsweise zur Stubendecke ausgestoßene Kriegsruf: «Warte, gleich kloppt Lobek.» Das war das Zeichen, mein Einsatz! Vom

Bett aus, mit dem Schuh, ein mattes Lebenszeichen ... Prompt die Bestätigung von unten: «Siehste, jetzt kloppt der Bekloppte!» Nach langen Kämpfen – das erste gemeinsame, verbrüderte Lachen unterm Teppich.

Im Halbschlaf kreisten damals meine Gedanken um eine Maschine, die so konstruiert sein müsste, dass sie auf jedes ankommende Geräusch ein adäquates Gegengeräusch aussenden würde, sodass infolge der Überlagerung der Schallwellen absolute Stille entstünde ...

Lange, lange her. Und ich hatte es schon fast vergessen. Die Erinnerung daran kam erst wieder, als die endlosen Tage begannen, die ich von morgens bis abends in unserer Neubauwohnung absaß, ich immer wieder die Mieterhöhungsbescheide las und ich mir vorzustellen begann, wie das wäre, eines Tages wieder zu Freddy & Co, zurück in die Bruchbude, zu müssen. Vor allem nachts schreckte ich davon hoch. Da ging mir überhaupt alles mögliche durch den Kopf. Deshalb, noch heute, mein Motto, wenn ich abends ins Bett krieche und es wird Nacht: Augen zu – und durch!

Alle meine Versuche, draußen, im feindlichen Leben, wieder Fuß zu fassen, waren bis dahin ja erfolglos geblieben. Einziger Erfolg: ich wurde immer schweigsamer. Es gab ja auch nichts zu erzählen! Tagsüber, wenn Julia im Büro war, hatte ich mich bei verschiedenen Firmen telefonisch auf Stellenangebote hin gemeldet. Nach einer Weile aber, es genügte ja schon, dass ich auf Nachfrage mein Alter angab, hatte ich das Gefühl, einfach abgehängt zu werden.

Ich saß dann da, Telefonhörer in der Hand, ein Rauschen im Ohr – und ich sprach einfach weiter, erklärte dem Gegenüber, das längst aufgelegt hatte, dass ich durchaus, durchaus ... und so weiter. Ich, langjähriger Atheist, flüsterte manchmal sogar ins Telefon: Herr, erhöre mich! Ich rufe Dich an ...

(Nebenbei: eine unrühmliche Rolle in diesem Zusammenhang spielte übrigens Freitag! Ich sperrte ihn zwar immer, wenn ich irgendwo anzurufen hatte, vorsichtshalber weg, aber auch durch die geschlossene Küchentür war sein Jaulen zu hören. Freitag – du mein Verräter!)

War ich auch schon früher eher ein «ruhiger Bürger» gewesen, verfiel ich nun fast völlig in Schweigen – sicherlich eine der Spätfolgen meiner erfolglosen Telefonbewerbungen.

Sogar Julia fiel das auf: Mit mir könne man nicht mehr reden, ihr fehle der Austausch mit mir. Da könnte sie sich gleich vor ein Aquarium setzen. – Soweit ihre Darstellung.

Richtig ist: ich beschränkte mich auf «ja» und «nein». Damit sind die wesentlichen Dinge gesagt. Am Telefon zusätzlich noch ein geknurrtes «hallo». In komplizierten Fällen, die aber selten waren, verwendete ich außerdem noch die Wörter «eventuell», «vielleicht». Manchmal ließ ich mich auch zu einem «mal abwarten» hinreißen. Das aber schon die Ausnahme.

Beim Arbeitsamt galt ich ohnehin von Anfang an als schwer vermittelbar. (Als ich Julia das mal, schon lange her, in einem Anflug von Redseligkeit mitteilte, war sie ganz erschrocken, meinte, da müsste ich doch etwas tun, das könnte ich doch nicht auf mir sitzenlassen – ich hatte das aber bis dahin gar nicht so negativ gesehen, eher als eine Art Selbstbestätigung. Ihr zuliebe, nur ihr zuliebe hatte ich mich dann ja auch auf diesen Rot-Kreuz-Lehrgang eingelassen, eine Art «Weiterbildungsmaßnahme».)

Dabei, das muss ich der Vollständigkeit halber sagen, mir kam das Schweigen eigentlich entgegen. Oft wusste ich wirklich nicht, was ich sagen sollte. (Das ist auch heute noch so.) Sollten doch die anderen ruhig reden. Ich blieb ganz ruhig. Früher war mir das peinlich, wenn plötzlich das Gespräch stockte, Schweigen eintrat – damals aber begann ich, das zu genießen. Ich nickte still, schwieg.

Julia irritierte das. Sie fühlte sich von mir stumm beobachtet.

Eintrag ins Protokollbuch vom 13. 4.: «Infame Vorwürfe! – Julia, sehr erregt (das entschuldigt aber nichts), behauptet heute: ich würde ihr nachspionieren und – wörtlich! – ‹in einem Protokollbuch› (!!!) jeden ihrer Schritte verzeichnen. – Weiter, sinngemäß: wäre ich endlich wieder ausgelastet, es wäre ein Segen für uns alle, sogar für die Blumen und den Hund.»

Das muss – leider – nun doch etwas näher erklärt werden. Ich will gar nicht noch einmal davon anfangen, dass ich für die Topfpflanzen extra kleine Fensterbänkchen gebaut hatte. Tatsache jedenfalls ist: Seit ich zu Hause war, kümmerte ich mich um das Grünzeug.

Natürlich, es war für die Topfpflanzen eine Umstellung, dass sie nun regelmäßig Wasser – und zwar auf Zimmertemperatur vorgewärmtes Wasser! – bekamen. Ich erklärte mir das so: Sie hatten sich im Lauf der Jahre an das Lotterleben gewöhnt, hatten sich einfach, um zu überleben, daran gewöhnen müssen: mal

Sturzbäche eiskalten Wassers, dann wieder lange, lange nichts – so war das doch, früher, als wir noch beide Arbeit hatten. Dass sie früher auch gewachsen sind, wie Julia immer wieder behauptet hat, bewies da gar nichts.

Es war geradezu selbstverständlich, dass sie nun vorerst regelmäßige Wasseraufnahme verweigerten, dass sich mitunter auch kleine Pfützen in den Töpfen und Schalen bildeten. Sie verfaulten nicht, wie Julia vermutete; sie mussten nur lernen, umlernen.

Und deswegen hatte es auch überhaupt nichts zu bedeuten, dass sich das Grünzeug, als ich vom einwöchigen Rot-Kreuz-Lehrgang zurückkam, in einem ganz leidlichen Zustand befand. Julia sagte nichts. Wahrscheinlich dachte sie: Lass Blumen sprechen!

Ich gebe zu: Sie hatten sich erholt, doch.

Aber im Klartext hieß das doch nur: Sie waren wieder rückfällig geworden. Die Versuchungen des Lotterlebens … Kein Wunder, dass sie da für den Moment regelrecht aufgeblüht waren. –

Ein weiterer Problemfall: Hasso vom Rabenhorst.

Allein die Art, wie Julia ihn immer in die Arme schloss, wenn sie von der Arbeit kam – als müsste sie das Hundetier jedesmal aus meinen Fängen retten, als sei es für den armen Hund eine Zumutung, den ganzen Tag mit mir eingesperrt zu sein … Da gab es nur eins für mich: Hobbyraum!

Julia meinte: Wenn ich nun schon den ganzen Tag zu Hause herumsitze, könnte ich ruhig mit Hasso einmal mehr die Runde machen. Ich aber war strikt dagegen: 1. (das sagte ich nicht) der Hund gewöhnt sich daran; 2. (das sagte ich auch nicht) damit hätte ich mein Zuhausesein ja nur zementiert, anders: was würde mit Hasso, wenn ich wieder Arbeit hätte? Julia schien offenbar davon auszugehen, dass ich für immer zu Hause bleiben würde.

Was Julia nicht wusste: Ich hatte Hasso damals heimlich umgetauft!

Ich rief ihn zu mir in den Hobbyraum. Vor diesem Ort hatte er, seit es mal einen Auftritt zwischen uns gab, über den ich hier nichts schreiben kann, Respekt. Im Hobbyraum war ich nicht sein Herrchen, sondern sein Herr! Hasso blieb an der Tür sitzen und sah mich an. Hundeblick. Ich legte meine Laubsäge aus der Hand und sagte mit ruhiger Stimme: «Du bist jetzt Freitag, Hasso!» Dann noch einmal direkt ins Gesicht: «Du bist jetzt Freitag! – Ende der Durchsage!» Er hechelte, verzog aber keine Miene. Stummes Einverständnis. Dann trollte er sich.

Normalerweise gingen wir uns tagsüber aus dem Wege. Er duckte sich weg, wenn ich kam. Recht so.

Wenn es aber klingelte oder Julia von draußen kam, war er sofort an der Tür. «Ach, wenigstens mein Hassolein sagt mir guten Tag», hörte ich Julia draußen sagen. Was erwartete sie eigentlich von mir? Sollte ich etwa auch schwanzwedelnd zur Tür rennen? An ihr hochspringen? Ihre Hände ablecken? An ihren Taschen schnüffeln? Oder was! Ich saß im Hobbyraum und ruckte mich nicht vom Fleck. Vielleicht hatte ich im Moment auch gerade etwas sehr Wichtiges, etwas sehr Unaufschiebbares zu tun. Wer weiß.

Wie zum Beispiel an dem Tag, als ich meine PANTA RHEIn-Bewerbung schrieb. Im Grunde genommen war sie ja, bis auf zwei, drei offene Formulierungen, schon fertig. Ich musste mich nur noch entscheiden, wie ausführlich ich meinen bisherigen beruflichen Werdegang schildern sollte. Von meinem alten Lebenslauf war, abgesehen von einigen Daten, die ich immer wieder vergesse (Schulanfang usw.), leider nicht mehr viel zu gebrauchen. Vollständig gestrichen hatte ich zunächst den Passus beginnend mit «Bin seit meiner Schulzeit überzeugter Vertreter der sozialistischen Ordnung», dann aber überlegt, ob sich nicht doch etwas davon retten ließe, und mich schließlich zu der Kurzfassung entschlossen: «Langjährige Erfahrungen im Vertreterbereich».

Bevor ich an die endgültige Abschrift ging, wollte ich mich aber kurz aufs Sofa legen, um die Sache noch einmal komplex zu überdenken. Ich musste eingeschlafen sein, denn plötzlich stand Julia in der Tür: «Es kann doch nicht wahr sein, dass du wieder den ganzen Tag stabile Seitenlage geübt hast …» (unverhohlene Anspielung auf meinen Rot-Kreuz-Lehrgang!) Ich sagte nichts, sondern dachte nur intensiv an Punkt 3 des Wochenhoroskops: Bleiben Sie gelassen!

Soll ich oder soll ich nicht? Antworten über Antworten

Als ich ungefähr einen Monat später den Antwortbrief der PANTA RHEIn auf mein Bewerbungsschreiben erhielt, zuckte ich innerlich zusammen. Eigentlich hatte ich fest damit gerechnet, nichts mehr von der Firma zu hören, bestenfalls vielleicht eine Absage. Und nun das! Eine Einladung, und zwar nach Bad Sülz, in den Hochschwarzwald, zur alljährlichen Vertreterkonferenz, «eine gute Gelegenheit, einander in aufgeschlossener Atmosphäre kennenzulernen» und zu überprüfen, ob nicht auch ich «ein neues Mitglied unserer großen, überaus erfolgreichen PANTA RHEIn-Familie» werden könnte. Vom Direktor persönlich unterschrieben: Ihr Alois Boldinger.

Ich wankte zum Fahrstuhl.

In der Wohnung angekommen, ging ich ins Wohnzimmer, zog die Gardinen vor und legte die Neunte, meine Lieblingssinfonie, auf den Plattenteller. Mich selbst legte ich aufs Sofa. Die Platte drehte sich. Alles drehte sich. Alles drehte sich um mich. Ich schloss die Augen und besah mich von innen. Die letzten Wochen und Monate, die ganzen Jahre (und die kaputten) zogen an mir vorüber. Sie verschwanden auf Nimmerwiedersehen im Dunkel der Vergangenheit, im Licht einer neuen Zukunft ... Zum Schlusschor stand ich auf, stellte mich vor die Schrankwand und dirigierte, innerlich bewegt, bis zum Ende durch.

Danach, gegen alle Gewohnheit, wählte ich Julias Büronummer an, hatte aber, als sie sich meldete, plötzlich das Gefühl, sie sei nicht allein im Zimmer; Hugelmann ist bei ihr, dachte ich und legte sofort wieder auf. (Am Abend würde sie mir wieder sagen: Irgend so ein Idiot hat angerufen und gleich aufgelegt.)

Am nächsten Tag fuhr ich in die Innenstadt. Zu dem entscheidenden Treffen wollte ich nicht unbedingt in meinen ausgebeulten Jeans oder in Freizeitbekleidung fahren (seit der Wende hatten sich pinkfarbene Blousons, giftgrüne Jogginghosen und andere Sonderangebote bedrohlich und wie von selbst in den Fächern meines Kleiderschranks vermehrt).

Direkt gegenüber von Julias Bürogebäude gab es die Boutique «Avantgarde». Ich wollte mich dort postieren, auf Julia warten und auf diese Weise das Unangenehme (Kauf einer Herrenhose) mit dem Nützlichen (Recherchen in Sachen Julia/Hugelmann) verbinden.

Einige Kundinnen durchstreiften die unübersichtliche Verkaufsetage. Lustlos, aber mit Kennerblick durchblätterten sie die ausgehängten Kleider und Blusen. Diskomusik. Ein Spiegelkabinett – und der herumirrende Affe im Spiegel: ich.

Endlich aber hatte ich entdeckt, was ich suchte. Ein verchromtes Hosenkarussell: Von diesem Standort aus hatte ich, ohne selbst gesehen werden zu können, optimale Einblickmöglichkeiten in die Straße und vor allem auf den Gebäudekomplex, aus dem Julia ungefähr gegen halb fünf kommen musste. Ich tauchte probehalber unter …

«Kann ich Ihnen helfen?» fragte mich von oben herab eine Verkäuferin. Ich richtete mich rasch auf und sah sie unschlüssig an. Ich schüttelte den Kopf.

«Suchen Sie vielleicht eine Bundfaltenhose?» half sie mir weiter. «Nein, das weniger», raunte ich zurück, und ich fügte leise hinzu: «Ich suche die Wahrheit.»

Die Verkäuferin nickte freundlich und wiederholte ihr Angebot, mir bei der Auswahl zu helfen. Sie taxierte mich noch mit einem kurzen Blick und wies mich dann auf die besonders preisgünstigen Modelle im Nebenständer hin. Ich aber hielt mich an meinem Hosenkarussell fest und murmelte etwas von «Preis-Leistungs-Verhältnis». Blindlings griff ich mir ein paar Hosen heraus und hielt sie mir an.

«Sie müssen sie aber schon mal anprobieren», riet mir die Verkäuferin, und da sie selbst jetzt anderweitig zu tun hatte, rief sie durch den Laden: «Frau Schröder, kommst du bitte mal rüber, der Herr hier sucht eine preisgünstige Hose.» Mich trafen, kurz und vernichtend, die Blicke der Kundinnen, am liebsten wäre ich gleich wieder abgetaucht … Schließlich aber hatte ich mich mit Frau Schröder – sie war schon etwas älter und im Umgang mit mir wohltuend mütterlich – auf ein brombeerfarbenes Modell geeinigt. Zwischendurch schielte ich immer wieder nach draußen, auf keinen Fall wollte ich Julia verpassen. Als ich schon bezahlt hatte und mit der Tüte in der Hand in der Nähe der Kasse herumstand und zum Schein – vor allem natürlich, um Zeit zu gewinnen – die Krawatten durchmusterte, sah ich aus Julias Bürogebäude Leute kommen. Unauffällig bewegte ich mich in Richtung Ausgang.

Ich entdeckte Julia. Sie kam, als hätte sie es geahnt, allein. Wusste sie, dass ich hier war? Ich lief ihr direkt vor die Füße. Sie war überrascht und schien sich sogar zu freuen. (Vielleicht war ihr Hugelmann, der mutmaßliche Abteilungsleiter, ja auf

Dienstreise?) Julia zog meine Hose aus der umweltfreundlichen «Avantgarde»-Tüte hervor.

«Schick», sagte sie, «schick.» – Und (ohne eine Spitze ging es ja nicht): Es sei ihr schon immer fraglich gewesen, ob ein Mensch in Jogginghosen überhaupt je imstande wäre, einen einzigen klaren Gedanken zu fassen.

Ich hielt mich am Griff meiner Tüte fest und schwieg.

Dann fuhren wir nach Hause. Julia bat mich zu fahren, sie sei schrecklich müde, den ganzen Tag Besprechungen. Im Rückspiegel sah ich hinten, auf der Hutablage, meine «Avantgarde»-Tüte liegen. Das beruhigte mich. Mir war, als hätte ich mit dem Hosenkauf die Sache schon perfekt gemacht.

Zu Hause hatte ich den PANTA RHEIn-Brief gut sichtbar, aber wie zufällig, zwischen allem möglichen Werbezeug auf dem Garderobentischchen platziert. «Darf ich?» fragte Julia – aber da las sie schon. «Davon wusste ich ja gar nichts», sagte sie, «aber, Mensch, das ist ja toll!»

Da war es wieder – das Hugelmannvokabular. Ich nickte, als ginge mich das alles gar nichts mehr an. Abends notierte ich ins Protokollbuch: «Ich kann mich mit Julias Gesamtverhalten nicht mehr einverstanden erklären. – Und überhaupt: Freunde, nicht diese Töne!»

Am Tag vor meiner Abreise holte ich meinen schwarzen Aktenkoffer vom Schrank. Ich hatte ihn lange nicht gebraucht, er musste erst abgestaubt werden. Darin verstaute ich am Abreisemorgen das Stullenpaket, zwei Bierbüchsen und die «Mach mal Pause» mit den Kreuzworträtseln. Julia brachte mich noch mit dem Auto zum Bahnhof Zoo.

Ohne Zwischenfall ging es bis Freiburg durch.

Dort musste ich in einen Vorortzug umsteigen. Die «Höllentalbahn», so hieß das Gefährt. Den Schwarzwald kannte ich bisher nur aus der Serie. Aber es war auch so.

Eine Bahnstation hieß «Himmelreich». Die nächste musste ich schon raus. Kaum war ich aus dem Zug gestiegen, merkte ich, dass es in dieser wahnsinnig aufgeräumten Weltgegend schwierig werden dürfte, unauffällig meine Zigarettenkippe zu entsorgen, und ich hatte auf einmal das Gefühl, dass es auch für mich hier schwierig sein würde, einen Platz zu finden. Rundum war ich von Bergen umstellt. Kein Fluchtweg. Die Bahn setzte sich lautlos in Bewegung und entschwand. Ich war nun unwiderruflich angekommen.

Auf dem Fahrplan sah ich als Erstes nach, wann von hier die Züge wieder abfuhren. Der letzte ging halb elf.

Ich machte mich auf die Suche nach meiner Pension. Im Brief stand: «ca. zehn Minuten vom Bahnhof entfernt». (Nachher wurde mir klar, dass alles in Bad Sülz ungefähr zehn Minuten vom Bahnhof entfernt liegt.) Ich brauchte aber doppelt so lange, weil ich unterwegs, in der weitläufigen, unübersichtlichen Kurparkanlage, auf einen Rundweg – mit Aussichtspunkt! – geraten war.

Aus den Bergen, im letzten Tageslicht, kehrten die Wanderer zurück; festes Schuhwerk, fester Blick. Sie steuerten die Gasthöfe und Pensionen an. Der kleine Ortskern rund um den Springbrunnen belebte sich. Wenige Schritte hinter der gelben, von verdeckten Scheinwerfern angestrahlten Kirche fand ich den «Föhrentaler Hof».

Als die Pensionschefin zunächst meinen Namen auf der Zimmerbelegungsliste nicht fand, glaubte ich schon, es wäre alles eine Verwechslung, und ich war schon froh, wieder abfahren zu können, den Zug halb elf würde ich ja bequem schaffen … Doch dann blieb ihr Finger unwiderruflich auf einer Nummer stehen – mein Name (in Klammern) war unter dem Stichwort PANTA RHEIn eingetragen.

In meinem Zimmer setzte ich mich auf das Doppelbett und starrte ergebnislos die geblümte Wand an. Dann trank ich die verbliebene Büchse Bier aus. Später, am Abend, ging ich noch ein bisschen mit mir spazieren. Nicht lange, es wurde schnell kühl. Außerdem, mir fehlte Freitag. Ich war es gar nicht mehr gewöhnt, alleine spazierenzugehen. Ein Hund, auch wenn er einen hin und her ziehen will, gibt einem schließlich eine bestimmte Richtung, ein Ziel – selbst wenn es dann doch nur (aus erzieherischen Gründen!) ausgerechnet dorthin gehen muss, wo der Hund gerade nicht hinwill.

Den Ortskern hatte ich in knapp zehn Minuten umrundet. Er war hell erleuchtet, wie eine Theaterkulisse, nur menschenleer. Zeitig ging ich ins Bett, ich musste ja fit sein.

Augen zu und –

Am nächsten Tag, kurz vor neun, trafen wir uns im Foyer des Tagungsgebäudes: ein flacher Konferenzbau aus Stahl und Glas – Blick auf ein in Nebelschwaden schwimmendes Tal.

Die meisten hier kannten sich schon, begrüßten sich; man stand in Gruppen. Zum Glück hatte ich den schwarzen Aktenkoffer bei mir. Er war zwar leer, verschaffte mir aber eine gewisse Legitimation. Ich legte ihn behutsam, wie eine Bombe, auf dem Tischchen ab, als ich mich in die Teilnehmerliste einzutragen hatte. Dann, um nicht so bestimmungslos herumstehen zu müssen, ging ich in den hinteren, künstlich abgedunkelten Teil des Foyers. Dort waren die Firmenmodelle ausgestellt – eine buntschimmernde, feucht-fröhliche Wunderwelt, in deren Betrachtung ich mich ungläubig staunend vertiefte!

Zuerst fiel mein Blick auf eine nackte weiße Jungfrau: Die Beine elegant angewinkelt, saß sie auf ihrer rechten Hinterhälfte, ihr linker Arm umschlang eine bauchige Vase, während die Finger der rechten Hand graziös deren oberes Ende abstützten. Aus der Vasenöffnung ergoss sich unablässig Wasser in ein nierenförmiges Auffangbecken. Einige Schritte weiter: ein römischer Kaskadenbrunnen – die zarten, durchsichtigen Schleier des von Schale zu Schale herablaufenden Wassers (blau erleuchtet!) verströmten eine verführerische nächtliche Atmosphäre ... Dann: eine kleine, feuchtglänzende Felslandschaft, üppig von künstlichem Moos überwuchert, aus deren Spalten hervor mehrere ewige Quellen sprudelten. Besonders schön: ein Edelstahlfrosch, aus dessen offenem Maul Wasser aufstieg, das am Ende als feiner Strahl auf den mit farbigen Mosaiksteinchen besetzten Boden der Anlage auftraf (mit Regenbogeneffekt!).

Daneben noch diverse andere Modelle ohne ersichtliches Motiv. Aus Keramik, Porzellan, Kunststoff – letzterer in verschiedenen Dekors. Es rieselte, plätscherte, sprudelte, rann, tropfte ...

Ich hatte mich gerade an den verschiedenen Knöpfen des Modells «VINETA» versucht, mit denen man verschiedene Farbspiele auf das Wasser zaubern konnte, und mir war es – tatsächlich – gelungen, auf Knopfdruck (der Knopf war mit einem Notenzeichen versehen) leise elektronische Lautenklänge hervorzurufen ... da war hinter mir plötzlich das gleichförmige Summen der Gespräche verstummt und erwartungsvoller Stille gewichen – ein großgewachsener Herr hatte das Foyer betreten. Ich sah gleich, dass es der Chef sein musste! Nicht nur die äußere

Erscheinung, auch sein Erscheinen selbst verriet das – schon wie er die Szene betrat, ein Auftritt! (Und nicht wie bei mir, der ich mich, trotz Aktenkoffers, eher wie ein Fragezeichen in den Raum gewunden hatte …)

Er durchschritt das Foyer – sein Auftreten brachte eine neue Ordnung in die Verhältnisse. Daran, wie er für manche ein freundliches Kopfnicken oder ein aufmunterndes Handwinken übrig hatte, bei anderen sogar stehenblieb, hier eine Hand schüttelte und da und dort ein paar Worte wechselte, konnte man, zumal ich als Außenstehender, ungefähr eine Rangordnung der Mitarbeiter ablesen. Seinen Rundgang beendete er am Eingangstischchen, wo die Teilnehmerliste auslag.

Er nahm sie mit einer Hand hoch; mit der anderen Hand zog er seine Brille aus der Brusttasche, ruckte sie einmal kurz durch die Luft (so dass nun beide Bügel aufgeklappt standen), dann platzierte er mit beiläufiger Eleganz das Gestell auf seinem Gesicht und überflog die Namen auf der Teilnehmerliste. Nicken. Ein paar Worte mit der Empfangssekretärin, die inzwischen aufgestanden war. Bei seinem abschließenden Rundumblick, während er die Brille wieder einsteckte, hatte er mich erspäht. Und, tatsächlich, er kam auf mich zu …

Was kam da jetzt auf mich zu? Ich überlegte, ob ich ihm vielleicht entgegengehen sollte – das kam mir aber zu beflissen vor. Wegsehen? Schwierig, dazu war es schon zu spät.

Von gleichen Kräften hin- und hergerissen, stand ich bewegungslos da. Ich richtete meine Blicke fest auf den Näherkommenden: eine – man kann es nicht anders sagen – künstlerische Erscheinung!

Das Gesicht – vornehm gebräunt, zart gesprenkelte Alterspigmentierung. Die weißen kurzwelligen Haare sorgfältig nach hinten gekämmt. Zweireiher. Das Seidentuch, das den Hals bedeckte, von derselben Farbe wie der Tuchzipfel aus der Brusttasche …

Ich hörte, wie ihm die Sekretärin, die halb hinter ihm ging, soufflierte: «Herr Dr. Boldinger – das ist Herr Lobek, die Berliner Bewerbung.» «Ah – ich weiß schon, ich weiß, der Herr Lobek», sagte er. «Das ist aber schön –»

Eine kleine Pause entstand.

«Herr Lobek, vielleicht, schlage ich einfach mal vor, schauen Sie sich das heute hier erst mal an, schnuppern ein bisschen bei uns herein – und dann überlegen wir in den nächsten Tagen, bei einem Glas Wein vielleicht ... überlegen wir einfach mal gemeinsam, wie es mit uns weitergehen könnte. Einverstanden?»

Ich nickte.

«So – ich glaube, jetzt müssen wir aber. Sonst bekommen wir noch Ärger.» Boldinger lächelte mir zu.

Die Sekretärin ging voran. Boldinger und ich hinterher, so betraten wir den Konferenzsaal.

Boldingers Eröffnungsansprache war kurz. Er wolle, so betonte er, keineswegs den Fachgesprächen in den Arbeitsgruppen vorgreifen (ein Herr Ingenieur Waassmund würde, wie schon im Vorjahr, das Seminar «Modelle/Entwicklung» leiten; Herr Diplom-Volkswirt Strüver erstmals das «Verkaufsseminar»); er selbst gestatte sich lediglich ein paar allgemeine Bemerkungen zu Beginn der diesjährigen Zusammenkunft. – Die Schwerpunkte seiner Rede hatte ich, wie folgt, mitstenografiert.

Eintrag ins Protokollbuch: «Begrüßung Dr. Boldinger; ... zu einer schönen Tradition geworden usw.; Hoffnung: fruchtbarer Gedankenaustausch zwischen Modellentwicklung und Verkauf (das A und O überhaupt!); Geschäftsbilanz des Vorjahres gut, aber: dies ausschließlich nur wieder dank der Sortimentsklassiker (WALDEINSAMKEIT 4, ‹nassforscher› WASSERFROSCH); kein Vorwurf an die Entwicklungsabteilung, dennoch: ‹Wo bleiben im Verkauf die neuen Modelle?› (Missverhältnis Entwicklungskosten–Verkaufserlös); ein ‹Es verkauft sich eben nicht› kann uns hier nicht mehr genügen; Menschenbild; ‹Unser Kunde – was ist das? Ein feindliches Wesen, das es zu besiegen gilt? Ein Freund, den wir nur geduldig überzeugen müssen? Beides? Ein Doppelwesen? Wir wissen es nicht. Ein Dunkel über dieser Frage –›; deshalb: Psychographie, Soziodemographie alter und neuer (dazu später noch gesondert) Zielgruppen; man kann vor Ort nichts erwarten, wenn nicht vermittelt wird, dass ein ZSB (Zimmerspringbrunnen) mehr ist als eine Art ‹Luftbefeuchter› (allgemeine Heiterkeit im Saal!); Warnung vor der x-mal gehörten Frage ‹Wozu brauche ich das? Was nützt mir das?› (lebhafte Zustimmung aus dem Saal); ‹Nutzen› umfassender definieren – Ausbruch aus engen Nützlichkeitserwägungen, Stichwort ‹Sinnkrise›, Stichwort ‹Zukunftsangst›; ZSB als ein ‹Ort spiritueller Ich-Erfahrung›, Ruhe und Bewegung zugleich; ganz in diesem Sinne auch die Worte Conrad Ferdinand Meyers zu verstehen, auf der Rückseite des Tagungsprogrammes abgedruckt ...»

Der römische Brunnen

Aufsteigt der Strahl und fallend gießt
Er voll der Marmorschale Rund,
Die, sich verschleiernd, überfließt
In einer zweiten Schale Grund;

Die zweite giebt, sie wird zu reich,
Der dritten wallend ihre Flut,
Und jede nimmt und giebt zugleich
Und strömt und ruht.

«… und strömt und ruht», wiederholte nun Boldinger, nachdem alle den Text gelesen hatten und wieder aufblickten, leise und eindringlich.

Natürlich, nicht alles in Boldingers Rede hatte ich auf Anhieb verstanden; und die zahlreich gebrachten Details schwirrten mir noch, ohne dass ich sie recht hätte einordnen können, ziemlich zusammenhanglos im Kopf herum. Aber die Art, *wie* Direktor Boldinger gesprochen hatte – abgeklärt, ohne Rechthaberei, eher fragend, immer das Ganze vor Augen –, das hatte mir doch stark imponiert.

Und dann: das Gedicht!

Obwohl ich von Haus aus zu derartigen Dingen eigentlich keinerlei Zugang habe – das sagte mir etwas. Ich kann es nicht anders sagen! Es war, als hätte dieser Herr Meyer mir heimlich über die Schulter geschaut – wie ich vormittags zu Hause durch die Wohnung stromerte, mein Morgenlied pfeifend … wie ich die Blumen goss, das Wasser strömte … und ich – unheimlich ruhig davon wurde, steinruhig. Diese Zeilen drückten aus, was ich Julia vielleicht immer hatte sagen wollen, ihr aber niemals so hatte sagen können.

Deshalb wahrscheinlich kaufte ich an diesem Abend noch, auf dem Rückweg zum «Föhrentaler Hof», eine Ansichtskarte «Gruß aus Bad Sülz». Ich adressierte sie an Julia und schrieb darauf am nächsten Tag, im Seminar, dieses Gedicht. Nichts weiter.

Ich gebe zu, vielleicht war das ein Fehler. Vielleicht musste Julia das missverstehen. Der Streit später entzündete sich dann ja besonders an einem Punkt: Ich hatte unten in die Ecke noch dazugesetzt: «Herzlichen Gruß an H.!»

Julia, später dazu, sinngemäß: Ich würde zweideutige Gedichte an sie schicken und das obendrein noch mit «zynischen, haltlosen Verdächtigungen» garnieren. – Zugegeben, einen Hintergedanken hatte ich bei der Sache. Nicht so sehr, als ich das schrieb, da nicht, da hatte ich wirklich Hasso im Sinn ... aber beim Lesen fiel mir schon auf, dass «H.» durchaus auch etwas anderes als Hasso heißen konnte, nicht wahr?! Und? –

Allein, dass Julia so bereitwillig und ausschließlich in Richtung H wie Hugelmann dachte, bestätigte meine Vermutungen und gab mir ja Recht.

Boldinger hatte sich inzwischen ganz von seinem Redemanuskript gelöst, er sprach frei zu den Versammelten.

«Bevor wir jetzt in die Arbeitskreise gehen ...» Strömen! rief jemand in Anlehnung an das Gedicht launig dazwischen – Boldinger quittierte es mit einem matten Lächeln, wurde aber gleich wieder ernst: «... davor will ich und muss ich noch ein Problem ansprechen, das mich – ich sage das offen – ganz persönlich berührt und schmerzt.

Sie erinnern sich, Herbst 89, unsere Vertreterkonferenz ... Wie wir – ja, ich schäme mich nicht meiner Gefühle! – wie wir abends, jawohl, mit Tränen in den Augen vor den Bildschirmen saßen ... Wer damals dabei war, wird das nicht vergessen können! Und der wird auch nicht vergessen haben, wie am nächsten Tag unsere Gedanken hinübergewandert sind ... hinüber, in den Osten. – Sicher, sicher, manches von dem, was wir damals in unserer ersten Freude erträumt, erdacht und geplant hatten, musste Blütentraum bleiben, konnte nicht reifen, das ist klar. Wenn wir aber heute nüchtern Bilanz ziehen: Durch den Ostmarkt hat es keinerlei nennenswerten Zuwachs gegeben, nichts. Auch das, meine Damen und Herren, muss uns in den nächsten Stunden und Tagen unseres Beisammenseins zu denken geben.»

Seine Blicke schweiften durch den Raum. (Für einen Augenblick schien mir, als suchte er mich.) Er packte seine Papiere zusammen. «Lassen Sie uns also weiterhin daran arbeiten ... kleine Oasen der Lebensfreude! Ich glaube, das sollten wir so, als vorläufiges Schlusswort, mit in die Seminare nehmen. In diesem Sinne! – Ich danke Ihnen.»

Kurze Kaffeepause. Draußen war inzwischen ein kleines Buffet aufgebaut worden, Sekt und belegte Brötchen. Doch zuvor gab es, als kleinen Höhepunkt, die feierliche Enthüllung eines neuen Modells.

Herr Strüver, unter dessen Mitwirkung es entwickelt worden

war, stellte kurz Aufbau und Funktionsweise vor: JONA, ein etwa fingergroßer Walfisch (Typ U-Boot, metallic-blau), schnob eine schüchterne Wasserfontäne aus, dann tauchte er im Becken ab. Nach ca. 15 Sekunden wiederholte sich das von neuem. Die klassische Ära Blumentopfecke/Sesselgarnitur, so Strüver in seiner kleinen Ansprache, sei vorbei. Dies hier sei ein erster Schritt weg von der altbekannten «Plätscherecke» – hin zum Ereignisspringbrunnen, «the new generation».

Boldingers Blicke, ich sah es, gingen interessiert-bekümmert zwischen Strüvers Modell und den versammelten Vertretern hin und her.

Am Ende dankte er Strüver für dessen Ausführungen und schloss mit den Worten, dies sei eine Herausforderung, die neue Maßstäbe an den Verkauf stelle. Geeignet sei dieses Modell sicher ebenso für den erfahrenen Vertreter wie für den hoch motivierten Neueinsteiger.

Dann ging es endlich zum Buffet.

Ich war noch ganz in Gedanken, und mir war dabei unversehens ein zähes Stück Schwarzwälder Schinken, das ich an keiner Stelle hatte durchbeißen können, in ganzer Länge in den Mund geraten, und sosehr ich auch darauf herumkaute, es schien nur immer größer zu werden, ein atemberaubender Klumpen in meiner Mundhöhle, mit dem ich still verbissen kämpfte – als Direktor Boldinger noch einmal auf mich zutrat. «Na, das ist alles sicher noch ein bisschen neu und ungewohnt für Sie. – Wir müssen uns ja auch erst noch richtig kennenlernen.»

Er streifte dann noch einmal den letzten Teil seiner Rede und sagte etwas von einer «Mauer in den Köpfen» – dabei gelang es mir, den Schinkenklumpen unbemerkt in eine Ruheposition zu bringen, sodass ich zwar flach, aber wenigstens wieder regelmäßig atmen konnte.

«Ich will es Ihnen klipp und klar sagen, Herr Lobek: Ihre Bewerbung hat uns sehr gefallen! – Auf einer Schreibmaschine geschrieben. Mit ausbrechendem ‹e›, nicht wahr? Das ist ja noch fast wie Handschrift!

Aber, was die Hauptsache ist: Sie haben künstlerisch-handwerkliche Fähigkeiten, ganz wichtig. Sie fahren Auto, sehr gut. Sie haben eine Wohnung in Berlin. Und, last not least, Sie haben einschlägige Erfahrungen in der Vertreterbranche! – Dazu würde ich übrigens bei Gelegenheit gern noch mal etwas mehr erfahren.»

Er hatte alle meine Vorzüge an seinen Fingern abgezählt, nur den letzten, den Ringfinger, bekam er nicht ganz hoch; der verblieb in einer Schräglage.

«Alles Punkte, die alle sehr für Sie sprechen, Herr Lobek. Und dunkle Punkte in Ihrer Vergangenheit gab es ja meines Wissens auch nicht?»

Ich schüttelte atemlos den Kopf, wobei sich allerdings mein Schinkenkloß in Erinnerung brachte – er war ein Stück in den Hals hinabgerutscht. Mit einem kurzen, kräftigen Würger, ich musste die Augen fest zusammenpressen, brachte ich ihn wieder, ehe es zu einem Erstickungsanfall kam, in die Ausgangslage ... Boldinger sah mich forschend an. Ich atmete schwer.

«Aber – wenigstens in der Partei, in der Partei waren Sie doch?» fragte Boldinger nun vorsichtig nach.

Ich nickte zaghaft. Doch ehe ich den Mund aufbekam, um – wie ich sie für diesen Fall parat hatte – ein paar orientierende Worte zu sagen, hatte er mir schon fest und aufrichtig die Hand gedrückt. (Unsere Hände müssen in diesem Moment ausgesehen haben wie auf dem Parteiabzeichen.) In Boldingers Augen las ich ein stummes «Sag jetzt nichts, Hinrich!»

Dafür sprach nun er auf mich ein, leise, beschwörend: «Sie wollten sich etwas schaffen, aber es war eben die falsche Gesellschaft, in die Sie hineingeraten waren. Nur – einfach so herumzusitzen, die Hände in den Schoß zu legen: das war Ihre Sache nicht. Sie wollten ... nein, Sie mussten etwas bewegen! – Das kann ich sehr, sehr gut verstehen, Herr Lobek. –

Also, wenn Sie damit einverstanden sind: Wir haben uns überlegt, dass wir Sie erst mal zu Strüver stecken, ins Verkaufsseminar. Dort einfach die Augen offenhalten. Bei Strüver können Sie alles lernen.

Jetzt müssen Sie mich aber bitte entschuldigen –»

Nachdem er gegangen war, um, wie er es sagte, noch ein bisschen «Kontaktpflege» zu treiben, ging auch ich gemessenen Schritts davon, Richtung WC. Dort stürzte ich in die erste Kabine und spie den rosig-grauen Klops ins Klosettbecken. Schweratmend hing ich über dem Becken. Meine Kiefermuskeln zitterten.

Ich wollte ihn noch fortspülen. Aber er ließ sich nicht so einfach bewegen. Er schwamm eigensinnig oben. Erst nach der dritten oder vierten Spülung verschwand er endlich im gurgelnden Ausfluss.

Hurra!
Erste, wenn auch unerwartete Bestätigungen

An dieser Stelle muss ich bekennen: Bis dahin hatte ich mir in meinem Leben über das Thema «der Zimmerspringbrunnen an und für sich» noch keine großen Gedanken gemacht. Das war völlig neues Terrain!

Insofern aber natürlich nichts Neues – in den zurückgelegten letzten drei Jahren hatte sich ja alles fortlaufend erneuert. Ohne auch nur den Fuß vor die Tür zu setzen, hatte ich mein altes Heimatland verlassen (bzw. – es mich). Eines Tages stand, wie von einem Flugzeug abgeworfen, der Container einer neuen Versicherung auf der grauen Wiese vor unserem verwitterten Neubaublock (das «Basislager», wie ich es in meinem Protokollbuch nannte). Von dort aus schwärmten die Missionare in die umliegende Gegend aus. Auch die Sparkasse war eine andere geworden, sie nannte sich jetzt Bank und schickte mir diskret, nach einem unergründlichen Bankgeheimnis, immer neue Geheimnummern für mein fast leeres Konto zu (die ich an immer neuen Geheimplätzen deponierte, wo sie vor jeglichem Zugriff, auch vor meinem, sicher waren). Sogar die Postanschrift hatte sich von heute auf morgen geändert. Ich hatte eines Morgens mit Freitag die kleine Runde gemacht; irgend etwas war anders als sonst. Da bemerkte ich: Heimlich, über Nacht sozusagen, waren wir aus unserer Straße umgezogen worden. Sie trug jetzt einen anderen Namen.

Schon wenn ich überall diese obszönen schwarz-roten Werbeaufkleber las: JETZT NEU, sah ich schwarz! Und zugleich rot! Ich kam mir überhaupt vor wie der letzte Mohikaner und pfiff, wenn ich Freitag ausführte, leise mein altes Pionierlied «Überall, wohin man schaut, wird aufgebaut ...» (Den Bauarbeitern schickte ich finstere Blicke zu!) – Der letzte Mohikaner, die einzige tapfere Rothaut weit und breit – denn auch Julia war ja nicht mehr die alte, sie hatte sich zusehends verjüngt, zumindest äußerlich (kein Wunder, dass ich da alt aussah!), wobei sie ansonsten allerdings einen merkwürdigen, einstudiert wirkenden Ernst an den Tag legte: als sei ihr bisheriges Leben – unser ganzes bisheriges Leben! – nur eines auf Probe gewesen.

Einmal, als ich mich beim Frühstück – wie schon so oft! – über die Westschrippen ärgern musste, ich nannte sie nur verächtlich «die importierten Luftikusse» und hatte dabei eigentlich auf

Julias, zumindest nickende, Zustimmung gehofft, sagte sie zu mir, mit sehr ernstem Unterton plötzlich, sagte sie (ich habe das im Protokollbuch festgehalten): «Wenn man sich von vornherein auf die Seite der Verlierer stellt, ist man natürlich immer im Vorteil – als moralischer Sieger!»

An diesem Satz habe ich sehr lange herumgekaut. Und richtig geschluckt habe ich ihn, offen gesagt, nie.

Bei den anderen PANTA RHEIn-Kollegen vielleicht weniger, bei Direktor Boldinger jedoch spürte ich deutlich von Anfang an: Zimmerspringbrunnen waren für ihn mehr als nur x-beliebige Produkte. Sie waren ein leise plätscherndes Nein zur rasenden Gesellschaft. Und ihre Botschaft lautete: Halte ein! Sei doch ganz ruhig. Alles fließt dahin …

So hielt ich mich denn strikt an Boldingers Weisung und hielt Augen und Ohren in Strüvers Seminar offen, auch wenn dessen geschäftsmäßige Art, mit den Dingen umzugehen, mich zunächst befremdete. (Ich gebe es im Folgenden so wieder, wie ich es im Protokollbuch festgehalten hatte.)

Seminarraum II, 9.15 Uhr. Thema: Training Standardsituationen. Anschließend: Auswertung, Erfahrungsaustausch, Brainstorming. Strüver (mittelgroß, rötliches, vorne gelichtetes Haar, hinten zu einem Zopf zusammengebunden) wirft seine Seidenjacke lässig über eine Stuhllehne, kommt gleich zur Sache: «Na, dann wollen wir mal. – Herr Nöstich, Sie sind bitte mal der Kunde!»

«War ich doch schon letztes Jahr», will Nöstich einwenden, doch Strüver ungerührt: «Dann wissen Sie ja, wie es geht.»

Nöstich, die Augenbrauen hochgezogen, steht auf und geht langsam nach vorn. Strüver sieht in seiner Liste nach und bestimmt einen Herrn Filzbach (Stuttgart), der sofort rot wird, zum Firmenvertreter. «Alles klar», sagt der Angesprochene tapfer, scheint aber betroffen zu sein.

«Bitte», sagt Strüver, jetzt Regisseur. Er hat sich in seinem Stuhl zurückgelehnt, die Beine übereinandergeschlagen, die Arme verschränkt und spitzt erwartungsvoll den Mund.

Nöstich steckt seine Brille weg, schiebt die Haare mit der Hand nach hinten. Ohne Brille sehen seine Augen gläsern aus. Er sieht sich um. Sein Blick fällt auf Strüver. Da verschränkt auch Nöstich die Arme. Gelangweilt sieht er aus dem Fenster. Einige Male wechselt er noch Stand- und Spielbein, dann hat er seine Position gefunden.

Endlich, nachdem er erst noch seinen Musterkoffer präpariert hat, ist auch Filzbach (Stuttgart) soweit. Mit weit ausholenden Schritten geht er nach vorn, stoppt aber plötzlich – wie vor einer unsichtbaren Wand. Er überprüft den Sitz seiner Krawatte, dann bohrt sich sein rechter Zeigefinger durch die Luft ... Er hält aber noch einmal inne und beugt sich weit vor. Angestrengt scheint er etwas zu entziffern, und zwar dort, wohin gerade sein Zeigefinger unterwegs gewesen ist ...

Ich weiß nicht, was das zu bedeuten hat, sehe zu Strüver hinüber. Der scheint aber einverstanden zu sein.

Filzbach (Stuttgart) hat sich nun wieder aufgerichtet, und sein Zeigefinger erreicht das Ziel: «Ding-dong», macht es jetzt aus Filzbachs Mund ...

«Wenn ich hier mal kurz unterbrechen darf», mischt sich Strüver ein. «Herr Nöstich – Sie warten wohl gerade auf unseren Vertreter?»

«Nö», gibt Herr Nöstich offen zu.

«Es sah aber so aus», sagt Strüver streng. Dann, ermahnend: «Sie sind also gerade beschäftigt, Herr Nöstich.»

Nöstich nickt.

«Na, was denn nun?» drängt Strüver, er blickt auf die Uhr.

Da fuhrwerkt Nöstich plötzlich, für alle ziemlich unerwartet, mit geballter Faust vor seinem Bauch herum, immer hin und her.

Strüver sieht ihn ratlos an.

«Ich bügele ...», gibt Nöstich bekannt.

«Ach so», sagt Strüver, «ich hatte mich nur gewundert, warum Sie dabei so in der Weltgeschichte herumgucken.»

«Ich sehe dabei fern.»

«Na gut – Sie bügeln also und sehen dabei fern. – Plötzlich ...», gibt Strüver jetzt, mit rascher Kopfbewegung, an Filzbach (Stuttgart) weiter, «plötzlich ...»

«Ding-dong», macht Filzbach (Stuttgart) erwartungsgemäß.

Nöstich stellt das Bügeleisen ab und schreitet zur «Tür». Er öffnet sie, aber nur halb – was Strüver mit einem leichten Nicken quittiert.

«Guten Tag, Herr Nöstich», beginnt nun Filzbach (Stuttgart), «das ist aber schön, dass ich Sie antreffe.» Er sagt das alles sehr akzentuiert, überdeutlich. (Deswegen vielleicht wirkt es nicht ganz echt.)

Filzbachs Vertreterhand schiebt sich Nöstich entgegen. Der will gerade zugreifen – da meldet sich wieder Strüver: «Kann es sein, dass es riecht? Herr Nöstich – Ihr Bügeleisen! Kann da nichts anbrennen?»

«O ja, Mensch!» Nöstich rennt zurück ins Zimmer.

Unschlüssig steht Filzbach (Stuttgart) zwischen Tür und Angel. Dann traut er sich ein Stück in die Wohnung hinein. (Vielleicht will er helfen?) Strüver schließt die Augen, verzweifeltes Kopfschütteln.

Da kommt Nöstich wieder.

Halblaut gibt Strüver weitere Regieanweisungen: «Gut, das ist zwar nicht schön, aber das gibt es ja. Unserem Kunden passt der Termin heute nicht. Das Bügeleisen hat gerade das Wohnzimmer in Brand gesetzt, eine Familienfeier ist im Gange oder irgendeine andere Katastrophe. –

Was nun?!»

«Na, ich frage ihn, ob ich nicht besser zu einem anderen Zeitpunkt ...»

«Na – fragen Sie das mal, Herr Filzbach. Aber, bitte: Sie sprechen mit Ihrem Kunden, nicht mit mir. Ich schaue nur zu. – Und verlassen Sie bitte wieder unauffällig die Wohnung ...»

Filzbach tritt rasch ein paar Schritte zurück.

«Herr Nöstich, wann würde es Ihnen denn mal passen?» fragt nun also Filzbach (Stuttgart); er versucht, dabei Herrn Nöstich verschmitzt und aufmunternd anzublicken ...

«Stopp!» bricht Strüver, sichtlich entnervt, ab. «Machen wir mal eine Zwischenauswertung. Sonst vergessen wir ja all Ihre Glanzlichter! Anders gefragt: Was kann in den ersten 15 Sekunden alles falsch gemacht werden? Dafür war das hier ja geradezu eine Lehrvorführung.»

Bevor jemand etwas sagen kann, versucht Filzbach (Stuttgart) sich zu rechtfertigen: «Draußen klappt es ja! Aber hier, im Seminar, vor Zuschauern – da hab ich Stress. Ich bin doch kein Schauspieler.»

«So?» fragt Strüver, «das ist aber schade.»

«Außerdem unterbrechen Sie immer!» sagt Filzbach leise, seine Stimme zittert dabei.

«Herr Filzbach – draußen sind Sie doch auch nicht ungestört, da werden Sie *laufend* unterbrochen!

– Ist jemandem etwas aufgefallen?»

Jemand meldet sich: Die Verabredung am Ende sei nicht sehr überzeugend gewesen ...

«Richtig», sagt Strüver, «das war grundfalsch.»

Da Filzbach (Stuttgart) ihn nur verständnislos anblickt, gibt Strüver gleich selbst eine Erklärung: «Wenn Sie so unbestimmt ins Blaue hinein fragen, ob Sie nicht irgendwann mal wiederkommen sollen – wissen Sie, was der Kunde Ihnen da völlig zu Recht antwortet? ‹Ach, lassen Sie mal›, sagt er, ‹das muss nicht sein, ich brauche doch gar nichts.› – Herr Filzbach, der Kunde sucht in diesem Vorstadium spontan den Ausweg. Und Sie, mit Ihrer, entschuldigen Sie schon, herzigen Frage, haben ihm den Fluchtweg gezeigt! –

Was fragen wir also?»

Da niemand antwortet, gibt Strüver die Antwort: «Die richtige Frage könnte sein: ‹Ich sehe, dass es Ihnen heute schlecht passt. Ich kann Ihnen folgende Ausweichtermine vorschlagen: am nächsten Dienstag, nach 18 Uhr, oder am nächsten Donnerstag, da schon ab 17 Uhr.›

Was gewinnen wir damit?

1. Der Kunde (und das ist psychologisch in dieser Phase sehr wichtig) hat die Freiheit, sich zu entscheiden;

2. Die grundsätzliche ‹Ob-überhaupt›-Entscheidung aber haben wir ihm mit unserer Detailfrage schon unauffällig abgenommen. Das ist schon gegessen.

Nun ist der Kunde am Zug. Er kann sich entscheiden. Wir haben ihm die Wahl gelassen. Dienstag oder Donnerstag. Wir haben ihm die Initiative zugespielt. Und wenn er sich dann, meinetwegen halbherzig, ein ‹Na gut, kommen Sie Donnerstag› abringt, hat er sich entschieden, hat er uns eingeladen. – Das kommt dann übrigens gleich in die Kunden-Vorlaufmappe! Wenn wir dann Donnerstag in der Tür stehen, können wir nämlich sagen: ‹Guten Abend, Sie hatten mich für heute eingeladen …› Ein Punkt für uns! (‹Wir sind nun extra gekommen …› usw., schlechtes Gewissen beim Kunden, wenn er jetzt nein sagt.)

Vergessen Sie nicht: In dieser Anlaufphase will der Kunde nur eines: uns loswerden. Und wir reichen ihm mit der Dienstag-Donnerstag-Frage den rettenden Strohhalm! Damit wird er uns ja erst mal los. Aufgeschoben, nicht aufgehoben, klar.

Eine klassische Eröffnung! Scheinbare Niederlage – wir haben für den Anfang nichts erreicht –, kommen aber als ‹alte Bekannte› ein paar Tage später wieder.

Aber – das war ja nicht alles. Was war vorher schon falsch?»

«Der Koffer!» ruft jemand.

«Ja, richtig», bestätigt Strüver, «der Koffer.»

«Ach ja», gibt Filzbach (Stuttgart) schuldbewusst zu und wechselt den Koffer schnell von der linken in die rechte Hand.

«Nun mal nicht so schnell, Herr Filzbach!» bremst ihn Strüver, «das war ein ganz entscheidender Fehler gleich am Anfang.» Er nimmt Filzbach das Köfferchen aus der Hand und schreitet zur Tür. «Herr Nöstich, wenn Sie bitte noch mal kommen wollen.»

Nöstich baut sich wieder in der Tür auf.

«So – vor uns steht nun der Kunde. Wie ein Felsbrocken.»

Irritiert sieht Nöstich an sich herunter.

«Seine Hand liegt auf der Klinke oder klebt am Türrahmen. Die muss gelöst werden! Wenn wir nun so wie Sie, Herr Filzbach, ihm einfach die Hand hinschieben, wird er das als Angriff empfinden, als sehr aufdringlich zumindest. Bedenken Sie: Sie geraten damit in den intimen Nahbereich des Kunden, 0–45 cm! Sein Adrenalinspiegel steigt – Fluchtgedanken! Wir gehen also so vor: Der Koffer wandert vor den Augen des Kunden von unserer rechten Hand (Strüver demonstriert es im Zeitlupentempo) in die linke Hand. Damit haben wir ein Signal gegeben, wir haben eröffnet. Der natürliche Abschluss dieses Handlungsbogens – und dem kann sich der Kunde nicht entziehen! –: Unsere auf diese Weise frei gewordene Hand wandert wie von selbst Richtung Kunde, der nun seinerseits automatisch seine Hand lösen wird ...»

«Und – war sonst noch was falsch?» will Filzbach (Stuttgart) kleinlaut wissen.

«Nein, kaum. Wenn wir davon absehen, dass Sie sich nicht vorgestellt haben, dass Sie als anonyme Person unerlaubt in eine fremde Wohnung eingedrungen sind – ein Fall für den Staatsanwalt ja eigentlich! –, dann, Herr Filzbach, dann war alles goldrichtig.»

Filzbach (Stuttgart) nickt resigniert.

Einen Moment lang: ratlose Stille.

«Warum üben wir denn das? Wir üben das, damit Sie über die Schwelle der Wohnungstür kommen, damit Sie Ihre Schwellenangst verlieren. – Sie müssen über die Schwelle kommen!» Strüver hält seine Hände wie ein buddhistischer Mönch vor der Brust gefaltet.

«Gut, nehmen wir mal an, Sie haben bis jetzt alles richtig gemacht. Der Kunde bittet Sie in seine Wohnung. Das, was bisher so unerreichbar und fern wie der Jupiter war, rückt in greifbare Nähe: die Sesselgruppe im Wohnzimmer. Dort wollen Sie hin, dort müssen Sie hin. Dort wird der Kaufvertrag unterschrieben.

Ich gehe mal davon aus, dass Sie – wie sich das gehört – den Wohnungsinhaber vorangehen lassen. Was passiert auf diesem Weg ins Wohnzimmer?»

«Ich konzentriere mich auf mein Verkaufsgespräch.»

«Mh. – Sie haben aber viel Zeit, bedenken Sie das! Das sind vielleicht 10 bis 15 Sekunden.»

«Ich überlege mir, wie ich das Gespräch anfangen könnte.»

«Aha. Das hätten Sie eigentlich schon vorher tun können. – Aber nun überlegen Sie mal: Der Kunde führt Sie durch seine Wohnung. Sie sind schon über die Schwelle. Sie sind in der Welt des Kunden. Da sind lauter Anhaltspunkte links und rechts. Gehen Sie nicht achtlos daran vorbei! Dort hängt eine Fotografie vom Griechenlandurlaub, hier sehen Sie einen Strauß vertrockneter Strohblumen. Wie eine Kamera nehmen Sie das alles auf – abspeichern! Das muss in Ihrem Hinterkopf sein. Alles unauffällig natürlich, sonst denkt er noch, wir sind Einbrecher.

Ganz wichtig hier: Sie betreten das Wohnzimmer – und treffen in diesem Moment schon mal eine Vorauswahl, wo der Zimmerspringbrunnen stehen könnte. Das brauchen Sie zwar erst später. Wenn es aber dann ernst wird, müssen Sie es parat haben. Nicht wie aus der Pistole geschossen – nein, ein kurzer prüfender Rundumblick ... das muss wie eine Eingebung kommen, verstehen Sie. Als hätten Sie es gerade eben entdeckt: ‹Dort, dort könnte ich mir einen Zimmerspringbrunnen aber sehr reizvoll vorstellen.› So in etwa.

Aber soweit sind wir ja noch lange nicht.

Herr Nöstich – übernehmen Sie mal bitte wieder unseren Vertreter. – Ich will mal nur eben noch die Sesselgruppe aufbauen.» Strüver rückt ein paar Stühle zusammen, sodass ein «Sofa» und drei «Sessel» entstehen.

«Aufpassen, Herr Filzbach!» flüstert Strüver, als Nöstich diesem nun einen Platz anbietet. Strüvers Augen: ein schmaler Beobachtungsspalt. Filzbach (Stuttgart) wirkt für einen Moment unschlüssig, setzt sich dann aber schnell auf einen Stuhl. Strüver atmet erleichtert aus. «Ich hoffe, Sie haben das jetzt nicht nur zufällig richtig gemacht.» Filzbach (Stuttgart), die Augen geschlossen, schüttelt konzentriert den Kopf.

Strüver, ans Auditorium gewandt: «Unser Vertreter sitzt jetzt also *rechts* neben dem Kunden. Das wird nachher wichtig sein, wenn es ans Unterschreiben geht. Nur aus dieser Position wandert der Kugelschreiber ganz von selbst, ohne dass Verrenkungen nötig sind, in die Hand des Kunden. Säße er links vom Kunden, müsste der Kugelschreiber den weiten Weg an der Vorderfront des Kunden vorbei zurücklegen. Dabei wird auch der Blickkontakt Kunde–Vertrag unterbrochen. In dieser entscheidenden Phase darf es aber keine Unterbrechungen mehr geben. Das wäre nur Zeit für Einwände, Zweifel, Ausflüchte des Kunden, die wir, so dicht vor dem Ziel, unbedingt minimieren müssen.

So. Aber Sie sitzen ja erst mal da und wollen sich in aller Ruhe ... Halt! War bei Ihnen nicht noch der Fernseher an, Herr Nöstich?»

«Mh, ja», erinnert sich jetzt auch Herr Nöstich.

«Was läuft denn gerade, wenn man mal fragen darf?»

«Die Sendung mit der Maus!» Nöstich grinst.

«Hilft uns das jetzt weiter?» fragt Strüver – irritiert blickt er zu Filzbach hinüber, dessen Gesicht sich jetzt aus unerklärlichen Gründen aufgehellt hat.

«Durchaus. Ich denke, schon», erwidert Filzbach (Stuttgart), auf einmal ganz aufgeräumt und siegessicher.

«Mh ... Herr Filzbach, bitte, ich flehe Sie an, sagen Sie jetzt nicht, dass Sie auch ein Fan dieser Sendung sind», stöhnt Strüver, «sonst nehm ich mir den Strick.»

«Doch», entgegnet Filzbach (Stuttgart) kühl, «doch, die ‹Sendung mit der Maus›, die sehe ich mir immer mit meinen Kindern an.» (Er scheint jetzt ganz offen in den Widerstand zu gehen!) Strüver, in seinem Stuhl zusammengesunken: «Schön. O.k., o.k. Die Sendung mit der Maus also. Meinetwegen. – Nur, ich meine, wir wollen mal alle gemeinsam überlegen: Wie wirkt das auf unsern Kunden? Wir kommen in die Wohnung, da läuft irgendwas im Fernsehen, und wir finden das auch gleich ganz toll ... Könnte es vielleicht sein (Strüver jammert jetzt regelrecht), könnte es unter Umständen vielleicht sein, dass das ein bisschen aufdringlich wirkt?» Er wird laut: «Ganz egal, ob wir jetzt selbst zufällig diese Sendung mit der Maus kennen oder nicht, Herr Filzbach!»

Filzbach (Stuttgart) blickt trotzig zur Seite.

«Herr Filzbach, seien Sie doch um Gottes willen nicht so zimperlich. Deswegen üben wir das doch. Das ist doch nur ein Spiel!»

Filzbach (Stuttgart) nickt finster.

«Herr Filzbach ...»
Filzbach lächelt bitter.

Ich weiß nicht, wie die Sache weitergegangen wäre, wenn nicht in diesem Moment Boldinger gekommen wäre. Er machte Strüver ein Zeichen, sich nur ja nicht stören zu lassen, und setzte sich ganz nach hinten auf einen freistehenden Stuhl.

Strüver nickte: «Wir waren ja auch gerade fertig mit einem Übungskomplex.» Vorsichtig legte er seine Hand an Filzbachs Oberarm: «Danke erst mal, Herr Filzbach. Sie haben unsere Aufmerksamkeit auf offene Fragen gelenkt. Damit ist, denke ich, unser Problemverständnis vertieft worden. Vielen Dank!»

Filzbach (Stuttgart) war erlöst. Doch er wirkte, als er sich hinsetzte, isoliert, obwohl es sicher jeden genauso hätte erwischen können. (Vielleicht auch deswegen.) Auch hatte er wieder seinen roten Kopf bekommen, der auffällig aus der Versammlung hervorleuchtete. Schwer zu entscheiden, ob die Kollegen, die ihre Stühle ein Stück zur Seite schoben, ihm Platz machen oder von ihm abrücken wollten ...

«Und wie war ich?» wollte Nöstich wissen.

«Das war schon o.k. so», sagte Strüver – «unsere Kunden können wir uns ja auch nicht aussuchen.»

Nöstich ging mit eingefrorenem Lächeln zurück an seinen Platz.

Ich war diesen Vorstellungen bis dahin eher ungläubig staunend gefolgt. Am meisten jedoch staunte ich bei der Vorstellung, dass eines Tages ich als Zimmerspringbrunnenvertreter, wie ein Triebtäter, draußen vor der Tür stehen sollte, beseelt von dem einen Gedanken: mit meinem Gegenüber aufs Wohnzimmersofa zu kommen ... Das war mir umso befremdlicher, als ich ja in meiner früheren Tätigkeit sehr oft Hausbesuche zu machen hatte – da hatte es aber schon genügt, nur kurz den Dienstausweis zu zeigen, und schon öffneten sich mir «Tür und Tor» wie von selbst, es wurde sogar Kaffee gekocht, und ziehen ließ man mich nur schweren Herzens ...

Strüver hatte sich nun einem neuen Komplex zugewandt: Der Kunde auf der Kippe ... Er skizzierte die Ausgangslage: «Wir haben alle, wirklich alle denkbaren Argumente gebracht, sind mithin am Ende unseres Lateins, das Pulver ist sozusagen verschossen. Was aber macht unser Kunde? – Er zögert ... Eine kreuzgefährliche Phase! Schon die kleinste Außenstörung kann jetzt alles zunichte machen, kann sofortigen Abbruch zur Folge haben! Das wollen wir uns mal etwas näher ansehen.»

Zu diesem Zweck nahm Strüver aus einem der Pappkartons, die neben der Tür standen, ein pinkfarbenes glitzerndes Gerät heraus ...

Ein Stöhnen ging durch die Versammlung – was Strüver zu der Bemerkung veranlasste: «Wir wollen hier ja nicht gegen Papiertiger antreten. Ich gebe zu – ein schwerer, ein schwieriger Brocken!» (Jetzt erst konnte ich entziffern, was in karnevalistisch torkelnden Buchstaben auf dem Karton stand: BUDENZAUBER ...)

Am Waschbecken neben der Tafel füllte Strüver Wasser in das Gerät. Dann balancierte er es vorsichtig auf den kleinen Tisch in der «Sitzgruppe». Er schloss es sogar an die Steckdose an, damit auch alles ganz echt sei.

«So – na dann! Den Kunden gebe zur Abwechslung mal ich. Wer wagt es, Rittersmann oder ...?»

«Na, wie ist es? Wollen Sie das nicht mal versuchen?» streifte mich plötzlich Boldingers warme Stimme am Ohr.

Ich sank in mich zusammen, legte den Kugelschreiber nieder und stand langsam auf. Boldinger nickte mir zu. Über meinen Rücken liefen eiskalt mehrere Gänsehautwellen. Ich ging nach vorn, zunächst sah ich nur schwarz. Dann nahm ich den feindlich blitzenden BUDENZAUBER wahr, und dahinter, in Bereitschaft, Strüver, der mir aufmunternd zulächelte. Schwer sank ich auf den Stuhl.

Strüver fing auch gleich an: «Tja, Herr Lobek – Ihr Produkt (mit der flachen Hand wies er auf BUDENZAUBER) gefällt mir schon. Aber, was den Preis betrifft, da sagt meine Frau doch garantiert: Nein.» Zur Bekräftigung schüttelte er den Kopf und legte demonstrativ den Kugelschreiber ab. Er schob ihn weit von sich, in meine Richtung.

Ich schaute Strüver lange an. Er hielt meinem Blick nicht stand, senkte die Augen, nickte aber weiter. Auch ich nickte nun, langsam, voller Mitgefühl. Das verstand ich, sehr gut sogar verstand ich das. Ich musste an Julia denken und wie ich mit ihr um jedes Sägeblatt, jeden Sperrholzposten für meinen Hobbyraum gerungen hatte. Nicht buchstäblich, aber: geistig gerungen!

Ja, das war es dann wohl.

Wehmütig musste ich lächeln: Ade, Vertreterkarriere!

Ich sah mich schon kleinlaut nach Hause kommen, Julias mitfühlende Blicke, die meine Niederlage nur noch schlimmer machen würden …

Zum Abschied, gewissermaßen als leises Servus, wollte ich mir aber den schicksalhaften BUDENZAUBER wenigstens noch einmal in Betrieb anschauen … Ich drückte vorsichtig die beiden Knöpfe: Eine kleine, schüchterne Fontäne stieg auf, sie wurde von unten wechselnd grün und blau beleuchtet … Ein schönes, ein trauriges Bild, das sehr zu meiner Stimmung passte!

Beim Anschalten allerdings war ich versehentlich zu weit über das Gerät gekommen; mein Gesicht war nass geworden. Ich musste mein Taschentuch ziehen …

«Jetzt *müssen* Sie unterschreiben, Strüver!» hörte ich aus der Tiefe des Raums Boldingers leise Stimme. «Wenn Sie kein Herz aus Stein haben, müssen Sie jetzt unterschreiben.»

Ich saß da wie von einem zarten Donner gerührt.

Und tatsächlich – folgsam nahm Strüver den Stift auf und warf einen Kringel auf das Blatt.

«Das war … toll ist gar kein Ausdruck!»

Ungläubig sah ich zu Boldinger, der mit raschen Schritten und seltsam ausgebreiteten Armen nach vorn gekommen war und mir immer wieder zunickte. (Ich schüttelte nur den Kopf und schloss die Augen, mit wohligem Schauder dachte ich an Hugelmann & Co!)

Was Boldinger im Einzelnen sagte, ist mir entfallen. Nur: Ich hätte «Tatsachen sprechen lassen», ich hätte, in einer scheinbar ausweglosen Situation, auf geradezu geniale Weise die therapeutische Wirkung des BUDENZAUBERS an mir selbst demonstriert. «Wir brauchen keine Schnellsprechweltmeister, sonst entsteht so ein Gefälle: Auch der Kunde soll ja mal einen Augenblick sprachlos sein dürfen.» Und genau diese Möglichkeit hätte ich ihm gegeben …

Boldinger sah mich bewundernd an, wie man eine exotische Pflanze ansieht: «Herrschaften, das nenne ich östliche Ruhe und meditative Kraft! Ja, Mensch, auch wir hier im Westen können von Ihnen lernen. Durchaus!»

Die Kollegen klopften jetzt mit ihren Stiften Beifall auf die Tischplatten. Mir war das peinlich. Und da ich nicht wusste, wohin ich blicken sollte, sah ich, als ich an meinen Platz ging, zu Boden.

Später, am Abend, saß ich noch ein bisschen unten im Aufenthaltsraum des «Föhrentaler Hofs». Die anderen zogen wahrscheinlich durch irgendwelche Kneipen. Zwar, man hatte auch mich eingeladen, aber ich spürte, seit meinem Erfolg bei Boldinger waren die anderen Kollegen auf vorsichtige, abwartende Distanz gegangen. Nur Nöstich war gleich nach dem Seminar zu mir gekommen, hatte stumm meine Hand geschüttelt und mir seine Visitenkarte überreicht. Halblaut fiel unter anderem das Wort «Zusammenhalt».

So saß ich also an diesem Abend für mich allein und versuchte, meine Gedanken zu sortieren. Sollte Bad Sülz tatsächlich zu einem Wendepunkt in meinem Leben werden? Es sah ganz danach aus, obwohl es sicher noch zu früh war, an diesen kleinen Erfolg große Hoffnungen zu knüpfen. So beschloss ich also, anstatt in der Zukunft herumzuspekulieren, zunächst – nach der Erinnerung – meine Protokollaufzeichnungen zu Strüvers Seminar zu vervollständigen.

Als ich damit fertig war, sah ich mich im Aufenthaltsraum um. In der Nussbaumvitrine zwischen den Fenstern war bis auf ein Halma-Spiel (leider unvollständig), ein Fahrplanheft der Deutschen Bundesbahn aus dem Jahre 1988 (Winterhalbjahr), eine zerlesene Floristenzeitschrift und einen Fotobildband «Du, unsere schöne Heimat – Der Hochschwarzwald», leider nichts zu finden. Also pendelte ich zwischen den bunten Fernsehprogrammen, die aus der grau-grünen Topfpflanzenecke herüberflimmerten, hin und her.

Auf dem französischen Kanal gab es eine Sportsendung, bei der dicke Männer sich abwechselnd gegenseitig auf die Matte warfen. Das war jeweils mit Applaus verbunden. Das Bild war aber schlecht. Gleich daneben eine Talkshow. Leider begriff ich nicht, worum der Streit ging. Einer der Anwesenden, eine Art Priester, begriff es anscheinend auch nicht – denn plötzlich redeten alle wütend auf ihn ein, richtig giftig, besonders eine rothaarige Frau, die immer wieder beteuerte «Ich habe es selbst erlebt» und «Die da oben stecken doch alle unter einer Decke», worauf er sie aber nur ungläubig anschaute.

Noch einen Klick weiter gab es einen deutschen Film, wahrscheinlich aus den siebziger Jahren; man sah es an den Autos. Das fand ich eher nicht so spannend. Bald aber merkte ich, dass es sich hier doch um einen Sex- oder wenigstens Aufklärungsfilm handelte. Also blieb ich dran. Ein Sprecher erzählte von verschiedenen «Fällen». Ein Wohnwagen auf einem Campingplatz war nun zu sehen. Zum Beispiel, sagte der Sprecher, der «Fall Monika F.» Der Wohnwagen begann hin und her zu schaukeln. – So ging das den ganzen Film. Über den Zeltplatz schlichen Teenager und Bademeister. Sie verdrehten bedeutungsvoll die Augen und wiesen sich immer wieder gegenseitig auf den Wohnwagen hin. Darin vor allem bestand die Handlung dieses Films, der übrigens unsynchronisiert, in bayrischer Sprache, lief. Wieder ein Schnitt, wieder der vor sich hin rammelnde Wohnwagen …

Mein Gott! Ich stöhnte auf. Ich dachte an Julia, an zu Hause. Und auf einmal, ich wusste nicht, wie, kam es über mich, und ich musste hier, im Aufenthaltsraum des «Föhrentaler Hofs», unter dem imitierten Holzbalken der Decke, eingerahmt von Schwarzweißfotografien des Schwarzwalds, vor mir auf dem Tisch einen verjährten Fahrplan, dem längst alle Züge davongefahren waren – musste ich plötzlich, ohne mich dagegen wehren zu können, wie zwanghaft, einen Satz sagen, der mir so bisher noch nie in meinem Leben von den Lippen gekommen war: «Ich liebe meine Heimat, die Deutsche Demokratische Republik.»

Das «Ja – Aber»-Prinzip
Ein wenig geglückter Versuch

Ich bereitete mich auf meinen Einsatz vor.

Mein neues Leben ... Es begann nun schon frühmorgens – wenn Julia zur Arbeit gefahren war – damit, dass ich mich jetzt nicht mehr nach Herzenslust rasierte, dass Freitag sich mit einem kurzen Auslauf vor die Haustür begnügen musste und dass auch die Blumenrunde bis zum späten Nachmittag zu warten hatte – sofort, nach kurzer Besinnungsphase auf dem Sofa, ging es gewissenhaft an die Arbeit!

Auf dem Tisch im Hobbyraum lagen die Studienhefte ausgebreitet. Strüver hatte sie mir beim Abschied in Bad Sülz mitgegeben. Zwar sei mein «Achtungserfolg» erstaunlich gewesen, Vertiefung könne aber dennoch nicht schaden. Bei den Heften (Strüver nannte sie «Frontberichte») handelte es sich um eine Vertreterratgeberreihe für alle Situationen. Es war wie in meiner Zeit als Fernstudent: Ich las erst einmal quer, dann unterstrich ich die Stellen, die wichtig sein konnten (aber was konnte im Ernstfall nicht alles wichtig sein!) – wenn ich dann etwa Dreiviertel des Heftes unterstrichen hatte, begann ich Auszüge zu machen und Zusammenfassungen zu schreiben. Bald schon, so hatte Strüver gemeint, würden sich erste Euphoriezustände einstellen, das sogenannte Überfliegergefühl («Jetzt kann ich alles verkaufen! Bausparverträge in einem Seniorenheim – kein Problem.») Das wäre dann der richtige Zeitpunkt, wieder zu landen und in die harte Schule der Praxis zu gehen.

Dass ich dort, im Vertreterleben, meine ersten Schritte gemeinsam mit Strüver machen würde, erleichterte und erschwerte die Sache zugleich. Zwar konnte ich mich darauf verlassen, dass im Notfall Strüver schon eingreifen würde, aber dass er, wie im Seminar, unerbittlich sein prüfendes Auge auf mich richten würde – darauf war ebenso sicher Verlass! Also blieb mir nichts anderes übrig, als meine Lektion zu lernen und, wenn ich damit fertig war, wieder von vorn anzufangen. Sogar meine Laubsägearbeiten ruhten. Obwohl – es juckte mich schon in den Fingern: Ein paar Buchstützen nämlich hätte ich damals ganz gut gebrauchen können, um wenigstens auf meinem Tisch Ordnung zu halten.

Julia schien anfangs von meinem Arbeitseifer nicht so recht überzeugt zu sein; auch hielt sie das Ganze wohl eher für eine Spielart der «Rot-Kreuz-Machenschaften» – bis dann tatsächlich, und auch für mich überraschend, die erste PANTA RHEIn-Überweisung eintraf.

Einmal in dieser Zeit kam sie abends zu mir in den Hobbyraum. Das war immerhin ungewöhnlich, sonst verbrachten wir die Abende kaum noch gemeinsam.

Ich saß gerade über einer äußerst kniffligen Konstellation. Zur Vereinfachung war sie schematisch dargestellt: zwei Kreise und ein Kreis mit Kreuz, verteilt in einem Rechteck (dem Zimmer). Mit anderen Worten: Der Vertreter (der Kreis mit dem Kreuz) steht zwei Kunden (einem Ehepaar zum Beispiel) gegenüber. (In der Fachliteratur wird das in dieser Grundform auch als der «klassische Dreieckskonflikt» bezeichnet.)

Gerade hatte ich mit dem schreiend gelben Markierstift die sich aus dieser Situation ergebende Grundfrage unterstrichen, nämlich: «Wem wende ich meine Aufmerksamkeit zu?» – da war Julia in den Hobbyraum gekommen, hatte einen Augenblick hinter mir gestanden und sich dann auf den Hocker neben meinem Tisch gesetzt. Ich weiß nicht, ob sie – als sie hinter mir stand – etwas von meinem Studienmaterial gelesen hatte; sie sah mich jedenfalls sehr nachdenklich an.

Was mich unsagbar berührte: Als sie ihren Ellbogen auf dem Tisch abstützte, waren einige der Papiere, die ich ausgelegt hatte, verrutscht. Sofort nahm sie den Arm herunter und schob die Papiere wieder in ihre Ausgangslage. Da fühlte ich mich, das erste Mal seit Jahren, von ihr wieder ernstgenommen; und wenn das nicht zu «bühnenmäßig» gewesen wäre, hätte ich sie am liebsten stumm in die Arme geschlossen. So aber lehnte ich mich wenigstens gesprächsbereit in meinem Stuhl zurück, und auf ihre Frage, wie ich mir denn meine weitere berufliche Zukunft vorstellte, hatte ich dann auch nach kurzem Überlegen und m. E. sehr richtig und zutreffend mit «Mal abwarten» geantwortet. Danach kam das Gespräch auf unerklärliche Weise wieder für längere Zeit zum Stillstand – bis Julia damit anfing, sich bei mir über Hugelmann (!) auszuheulen. Sollte das eine vertrauensbildende Maßnahme sein, dass wir nun gemeinsam Front gegen Hugelmann machten? Wie stellte sie sich das vor? Ich jedenfalls stellte auf Durchgang.

Als sie gegangen war, sofort Eintragung ins Protokollbuch: «Heute, Julia in meinem Reich! – Gespräch in sachlich-aufgeschlossener Atmosphäre über meine berufliche Perspektive. Dann jedoch: ‹Warum sprichst du nicht mehr mit mir?› – Beinahe wäre ich darauf hereingefallen, erkannte aber rechtzeitig: Das ist eine Fangfrage. Blieb also felsenfest ruhig.

Anschließend: Beschwerden der J. über den H., der sie angeblich ausbeute usw. Meinerseits: Funkstille dazu. Wie ich überhaupt finde – dies als Fazit! –: Es ist eine Unsitte, wenn Ehefrauen bei ihrem Ehemann das suchen (Verständnis zum Beispiel), was sie bei ihrem Geliebten nicht finden. –

Hugelmanns Handlangerin muss sich schon etwas anderes einfallen lassen!»

Der Gerechtigkeit halber muss ich aber festhalten: Julia begann damals sogar wieder damit, abends ein bisschen Mittagessen für den nächsten Tag vorzukochen. Das war wie früher, in meiner Fernstudienzeit.

Denn Fakt war: Je mehr mein Selbststudium gedieh, desto unaufhaltsamer entglitt mir der Haushalt. Ich nahm ihn einfach nicht mehr wahr. Freitag, wenn er mal musste, musste sich schon auf herzerschütterndes Winseln verlegen, um auf sich aufmerksam zu machen. Dabei wusste er genau, dass ich mich auf Extratouren außerhalb der Morgen- und Abendrunde nicht mehr einlassen würde. Schon gleich am frühen Morgen heftete er sich an meine Fersen und blieb die ganze Zeit, im Bad, in der Küche, mir auf der Spur, damit ich ja nicht ohne ihn losginge und allein die Runde machte. Auch der Staub vermehrte sich wieder! Lange genug hatte ich ihn ganze Vormittage lang vergeblich verfolgt. Inzwischen war ich zu der Überzeugung gekommen: Staub, der längere Zeit einen Ort besetzt hält, erwirbt sich damit eine gewisse Existenzberechtigung.

Sogar die Blumen ließ ich hängen!

In dieser Phase gerieten übrigens wie von selbst die Wendungen «kein Problem» und «alles klar» in meinen Wortschatz; später sollten sie mir noch gute Dienste erweisen. Was Julia betrifft, sie schien ganz froh darüber zu sein, dass das Ressort Blumengießen wieder an sie übergegangen war. Die abendliche Runde durch die Wohnung stiftete so etwas wie häusliche Atmosphäre.

Abends im Bett las sie dann meistens noch ein bisschen, vor allem das Buch eines Franzosen. Sie hatte es sich wegen des Titels gekauft.

Dazu Eintrag ins Protokollbuch: «Neuerliche Lektüre der J.: ein Buch unter dem Titel: ‹Auf der Suche nach der verlorenen Zeit›. Unklar ist, ob eine unverhohlen provokatorische Absicht vorliegt, wenn seitens der J. besagtes Buch stets so auf dem Nachttisch platziert wird, dass mir der Titel unbedingt ins Auge springen muss. – Es stellte sich übrigens bei einer Routinekontrolle des Nachtschränkchens heraus, dass es sich da insgesamt um 7 (in Worten: sieben) Bände handelt! –

Meine Meinung dazu, obgleich ich den Inhalt des genannten ‹Werkes› ebensowenig wie den Herrn Verfasser kenne: Im Verlaufe einer derart aufwändigen Suchaktion verliert man wahrscheinlich auch noch die restliche Zeit. – Einschlägige trübe Erfahrungen mit hingedösten Nachmittagen auf dem Sofa, Stubenfliege etc. …

Unverfänglich von mir auf diese ihre jetzige Lektüre hin angesprochen, äußerte die J. sinngemäß: ‹Auf der Suche nach der verlorenen Zeit› müsste Pflichtlektüre für alle Ex-DDRler werden.› Ich stellte mich interessiert und fragte, wovon es denn handele? – ‹Das könne man schwer sagen.› (Letzteres stimmt übrigens haargenau mit dem Eindruck überein, den ich, als Julia zur Arbeit war, bei dem vergeblichen Versuch hatte, mir einen kurzen Überblick über das Ganze zu verschaffen.)»

An einen Tag in dieser Zeit, es war ein Mittwoch (im Protokollbuch wohlweislich jedoch als Freitag, als «schwarzer Freitag» verzeichnet) erinnere ich mich deutlich … Strüver hatte am frühen Vormittag angerufen und mitgeteilt, dass es nun bald losginge; ich solle mich bereithalten, er würde demnächst für länger nach Berlin kommen. Nach dem Anruf hatte ich meine Unterlagen geordnet, alles noch einmal durchgesehen. Dabei war mir aufgefallen, dass ich das Kapitel «Einwandbehandlung» – ich weiß gar nicht, warum – bisher sträflich vernachlässigt hatte. Ich musste es immer überblättert haben. Dabei – Vertiefung war hier tatsächlich angeraten. Denn wenn Julia beispielsweise etwas gegen mich einzuwenden hatte, ließ ich mich doch nicht auf Diskussionen ein, sondern ließ das einfach von mir abprallen. Nachholbedarf gab es hier also durchaus.

Als Illustration hierzu eine einschlägige Notiz im Protokollbuch – Anlässlich einer Auseinandersetzung, bei der Julia meine angebliche «Entschlusslosigkeit» verurteilt hatte und ich zu diesem verleumderischen Vorwurf selbstredend nur schweigen konnte, äußerte Julia (Zitat): «Deine Eigenliebe grenzt schon beinahe an Inzest!»

Sofort ging ich also an die Arbeit, die Zeit verging. Doch ehe ich das Stoffgebiet auch nur annähernd in der gewohnten Manier aufbereitet hatte, war Mittag längst vorüber. Ich aß nur schnell ein paar Spaghetti mit Ketchup gleich aus dem Topf. Freitag stellte sich auf die Hinterbeine und wollte auch an den Topf. «Pfoten weg!» herrschte ich ihn an. Dann stellte ich den Topf unter Wasser und begab mich sofort zurück in den Hobbyraum. Freitag folgte mir auf dem Fuß, doch ich kümmerte mich nicht um ihn, sondern sperrte ihm die Tür vor der schnüffelnden Nase zu.

Kaum wieder an die Arbeit gesetzt, noch gar nicht richtig hineinvertieft, gab es draußen ein Klirren, dann ein Scheppern. Ein kurzes Jaulen. Stille.

Ich sprang auf, hinaus.

Die Küche, ich blieb in der Tür stehen, bot ein Bild des Grauens!

Unter dem Küchentisch saß Freitag. Er hechelte mir von dort aus schuldbewusst zu. Ich konnte nichts sagen, ich schrie nur immer: «Freitag! Freitag! Was hast du gemacht, du Hund!»

Er aber schwieg.

Was allein ihn vor meinem Zugriff schützte – am liebsten hätte ich mich auf ihn gestürzt und die Wahrheit aus ihm herausgeprügelt –, war die rote, schmierige Masse, die sich zwischen Tür und Tisch auf dem Fußboden breitgemacht hatte.

Als ich mich halbwegs wieder in der Gewalt hatte – noch musste ich mich zwar am Türrahmen abstützen, und ein nervöses Zucken ging als Nachbeben durch meine linke Gesichtshälfte –, versuchte ich die Spuren, die unter den Tisch führten, zu lesen. Daraus ließ sich das Geschehen etwa folgendermaßen rekonstruieren: Der Hund musste auf den Abwaschtisch gesprungen sein, um an den mit Wasser gefüllten Topf zu gelangen. Bei dieser Gelegenheit war offensichtlich die Ketchupflasche zu Boden gegangen. Wahrscheinlich beim anschließenden Absprung hatte er dann der Vollständigkeit halber noch den Topf mit in die Tiefe gerissen, worauf sich Ketchup, Wasser und Spaghettireste in der oben beschriebenen Weise miteinander vermischt hatten.

Infolge dieser sich überstürzenden Ereignisse hatte der Hund sich wohlweislich unter den Tisch zurückgezogen, nicht ohne vorher noch – das war überhaupt der Punkt aufs i – seine Notdurft mitten im Chaos verrichtet zu haben.

Fassungslos, aber mit eisiger Entschlossenheit, verließ ich die Trümmerstätte. Nicht mit mir!

Sicher – ich hatte vergessen, dem Terrortier Freitag Futter und

Wasser hinzustellen. Das konnte man, wenn man denn wollte, als mildernden Umstand für ihn ins Feld führen. Ich wollte aber nicht. Und ich würde sowieso alles auf ihn schieben. Es war ja ohnehin schon zu spät. Jeden Moment musste Julia kommen. Unmöglich, bis dahin noch mit irgendeinem sichtbaren Erfolg die Aufräumungsarbeiten zu beginnen.

Ich saß also, die Arme verschränkt, im Hobbyraum und harrte der Dinge. Mein niedergeschlagener Blick ruhte auf den Ausarbeitungen zum Thema Einwandbehandlung ... Merksatz 1: «Bereiten Sie sich auf alle denkbaren Einwände vor. Dadurch gewinnen Sie die nötige Sicherheit.» –

Die Wohnungstür ging. Aha, es ging los.

«Hallo! Ich bin da.» Hallo, knurrte ich lautlos zurück. Freitag, noch immer in der Küche, antwortete ausweichend.

Julia ging durch den Flur. Das Klopfen ihrer Absätze, plötzlich kam es zum Stillstand. Stille in der Wohnung, Stille im ganzen Weltall – nur mein Herz klopfte.

«Blutorgie» war eines der ersten Worte, das durch das schweigende All auf mich zuraste, «Blutorgie» noch einmal, dann andere Wörter, ebenfalls aus der Blutorgie-Richtung ... Wir näherten uns hier Merkpunkt 2 der Einwandbehandlung: «Betrachten Sie die Einwände als willkommenen Wegweiser für das weitere Gespräch.»

Den Geräuschen nach zu urteilen, hatte sich Julia inzwischen davon überzeugt, dass Freitag alias Hasso nichts Ernsthaftes zugestoßen war. Nun würde sie also ihre ganze Aufmerksamkeit mir zuwenden ... «Blutorgie» jedenfalls wollte und konnte ich nicht auf mir sitzen lassen. Das war – Julia musste es längst erkannt haben – eine maßlose Übertreibung! Dennoch, Merksatz 3, Einwandbehandlung, bremste mich: «Nehmen Sie jeden Einwand ernst. Ihr Kunde wird sich ja irgendetwas dabei denken.»

«Ich denke, ich ticke nicht richtig!» – In der offenen Tür: Julia, im offenen Mantel (letzterer drückte wahrscheinlich ihre Bereitschaft aus, unter Umständen sofort die Wohnung zu verlassen).

Sie habe für alles, wirklich für alles Verständnis; aber nicht dafür, wenn sie abends todmüde nach Hause komme, hier ein Schlachtfeld vorzufinden. Ob ich mir schon mal überlegt hätte ... «Unterbrechen Sie Ihren Kunden nicht. Sie könnten sonst wichtige Hinweise verpassen. Haben Sie Geduld!» riet Punkt 4 an dieser Stelle. Ich versuchte es. Doch ich muss sagen, es regte mich wahnsinnig auf, dass Freitag – immerhin auf eindeutig roten Ketchuppfoten! – neben Julia stand und die ganze Zeit mit einer unbeschreiblichen Unschuldsmiene zu mir herübersah, als hätte er mit der ganzen Angelegenheit nichts zu tun.

«Also, wenn ich auch mal was sagen darf ...», wollte ich mich nun in das bislang ziemlich einseitig geführte Gespräch einschalten, dies allerdings äußerst vorsichtig und behutsam, immer eingedenk der Botschaft von Merksatz 5: «Treten Sie nicht als ‹Besserwisser› auf. Kunden mögen so etwas nicht. Sie sicher auch nicht ...»

Nein, das ist wahr. Und ich wollte auch nur in Ruhe klären. Doch ich kam gar nicht dazu, anhand nachweisbarer Tatsachen meine vorbereitete Argumentationskette folgerichtig zu entrollen – mir schwebte etwas in der Art «unglückliche Verkettung von Umständen» vor –; Julia unterbrach mich, ununterbrochen. Ihr brennendes Interesse schien sich auf einmal einzig und allein an einer Frage entzündet zu haben; was ich mir dabei gedacht hätte? Dabei, das war gar keine Frage. Julia fragte es mit Ausrufezeichen! Eine Antwort jedenfalls schien sie ernsthaft nicht zu erwarten. Denn sobald ich den Mund aufmachte, stieß sie erneut, nur wieder einige Grade lauter, hervor: «Was hast du dir dabei gedacht!»

(Anmerkung: Es ist übrigens falsch zu behaupten, es gäbe keine dummen Fragen. Hätte ich vielleicht – um Julia noch mehr zu reizen – antworten sollen: Nichts! Nichts habe ich mir dabei gedacht. Wie denn auch! Was denn auch!) Nein, so kamen wir nicht weiter. Ich zuckte die Schultern und gab es auf, etwas sagen zu wollen. Beinahe überflüssig zu erwähnen, dass sich zwischenzeitlich Punkt 6 meines Ratgeberbüchleins («Halten Sie Blickkontakt!») von selbst erledigt hatte; Julia war gegangen.

Wenn ich die Geräusche, die von draußen in mein Reich eindrangen, richtig ortete, schien sie sich nun im Bereich Küche/Bad zu bewegen. Ein ständiges Hin und Her, und zwar mit bedeutungsvoll schwer gesetzten Schritten, Tür auf, Tür zu – ich zuckte jedesmal davon zusammen. Wasser wurde plötzlich knatternd in einen Eimer gelassen, dann mit großem Krach ein Schrubber aus der Kammer genommen. Offenbar schien Julia mit den Aufräumungsarbeiten begonnen zu haben.

Ich stand auf und ging zur Küche. Doch Julia hatte den Eimer innen so vor die Tür gestellt, dass ich nicht öffnen konnte. Ich hörte nur, was sie sagte, Sätze wie «So nicht, mein Freund, nicht mit mir» oder «Du wirst schon noch sehen».

Was werde ich sehen?

(Merksatz 7: «Gehen Sie unklar formulierten Einwänden auf den Grund. Schießen Sie nicht ins Blaue!»)

Julia! Bitte ...

Ich stand wie blöd vor der Tür, und meine Stimmung ließ nun allmählich doch zu wünschen übrig. Selbst ein gemeingefährlicher Verbrecher hat das Recht auf Verteidigung. Das letzte Wort in einem ordentlich geführten Verfahren gebührt schließlich dem Angeklagten. Leben wir denn nun in einem Rechtsstaat, Julia, oder nicht? Es ist doch überhaupt nicht einzusehen, weshalb in einem Ehestreit nicht wenigstens die Regeln der Strafprozessordnung gelten sollten.

Muss ich noch sagen, dass unterdessen der Hinweis von Merksatz 8, «Bleiben Sie freundlich im Ton, aber fest in der Sache», völlig ins Unverbindliche entschwebt war? Er konnte mir nur noch ein grimmiges Lächeln entlocken. Mein Kommentar zur Sache, ob freundlich oder nicht, war gar nicht mehr gefragt.

So ging ich also mit festen Schritten zurück in den Hobbyraum. Wenigstens war ich nun entschlossen, mich darauf zu freuen, dass demnächst der Außendienst beginnen würde.

«Weißt du eigentlich, wie wahnsinnig du mich aufregst?» hatte mir Julia noch zum Abschluss dieses denkwürdigen Tages ins Gesicht geschrien und sich dann für mehrere Stunden ins Bad eingeschlossen. Nein, das hatte ich nicht gewusst. Spät in der Nacht hielt ich es im Protokollbuch fest: «Julia findet mich wahnsinnig aufregend!»

Ansonsten verhielt ich mich wachsam, still und abwartend.

Doch es geschah nichts weiter.

Ich will. Ich kann! Ich werde!!!

– diese Erfolgsformel für positiv denkende Menschen, die goldenen Worte Nikolaus Enkelmanns also im Ohr, lag ich im Bett. Es war Viertel nach neun, Julia musste längst zur Arbeit gegangen sein.

Am Nachmittag sollte ich mich mit Strüver treffen. Ich wollte ausgeruht sein, also stellte ich den Wecker auf halb zwölf, legte meinen Kopf vorsichtig wieder zurück aufs Kissen und konzentrierte mich: Ich *will* weiterschlafen. Ich *kann* weiterschlafen. Ich *werde* …

Eintrag ins Protokollbuch: «Der Traum vom Vertreter – Ich war zu Hause. Das war ein Hundeheim. Doch das störte mich nicht, Hunde waren kaum anwesend. Beim Frühstück war mir ein Zahn herausgebrochen. Ich trug ihn an einer Schnur um den Hals. Ich überlegte gerade, ob ich die Schrippen aus dem Tiefkühlfach nicht doch lieber vorher auftauen sollte, da klingelte es. Ich – nichts wie hin! Doch ich war zu spät gekommen. Der Vertreter entfernte sich schon wieder. Ich lief ihm im wehenden Bademantel hinterher und beschwor ihn zurückzukommen.

Achselzuckend und, wie mir schien, nicht gerade begeistert, kam er zurück. Ich huschte vor ihm in die Wohnung, klappte die Tür zu. Er klingelte, nun schon etwas ungeduldig. Ich öffnete, sagte schnell meinen Spruch: ‹Ich mache keine Geschäfte an der Haustür!› und knallte zu. Soweit alles in Ordnung – nur beim ‹sch› in ‹Geschäfte› hatte sich der fehlende Zahn zischend in Erinnerung gebracht. So aber stellte sich immerhin ein Zusammenhang mit dem Tagesbeginn her. Die Suche nach der Zahnarzttelefonnummer strukturierte den Vormittag. Ich geriet dabei an ganz abgelegene Mappen! In einer entdeckte ich eine Urkunde: Ich war Träger des Vaterländischen Verdienstordens. In Silber! – Ich hatte es immer gewusst. Ich weinte vor Glück. Ich wollte Julia anrufen. Aber ich fand ihre Nummer nicht. Da wusste ich plötzlich, dass Julia dieselbe Nummer wie der Zahnarzt hatte. Da ließ ich es lieber sein. Außerdem schien mir das weitreichende Konsequenzen zu haben. Mir war auch so, als hätte mich Julia schon einige Male mit dem Orden ertappt, im Bad.

Ich wunderte mich nur, dass die Mappen vor lauter Eilbriefen überquollen. Sie mussten dort schon jahrzehntelang liegen. Ich wollte sie nun wenigstens in den Mülleimer einstecken. Insofern kam ich richtig in Schwung. Es war jetzt 18 Uhr, Zeit für ein zweites Frühstück. Also, ab in die Küche! Dort traf ich Dr. Redlow. Er trug ein weit ausgeschnittenes Unterhemd und stand hinter dem Kühlschrank. Als er mich sah, sagte er in meine Richtung, aber nicht zu mir: ‹Jeder Arzt sagt: Lieber mehrere kleine Mahlzeiten als eine unmäßig große.› Dabei lächelte er windschief. Ich wusste, Dr. Redlow ist bekennender Sittenstrolch. Deshalb nahm ich mir vor, nicht auf seinen Rat zu hören. Es konnte eine Falle sein. Auf eigene Faust funzelte ich mit der Taschenlampe im Innern des Kühlschranks herum. Seine Ausmaße waren unbeschreiblich. Eine riesige weiße Tropfsteinhöhle. Ich wandte mich erschüttert ab. Auf dem Tisch stand ein Teller mit Tütensuppe. Sie schmeckte prima. Ich wunderte mich allerdings, dass sie ohne Wasser gekocht worden war. (Wahrscheinlich eines von Dr. Redlows Patentrezepten!) Es knirschte zwischen meinen Zähnen. Ich konnte aber nichts dazu sagen. Außerdem war Dr. Redlow hinter der Kühlschranktür verschwunden. Ich dachte noch: Er wird doch nicht in meinem Hobbyraum sein … Der Mond schaute zum Fenster herein; ich schaute hinaus. Dann war ich auf der Straße. Sie war leer, aber taghell beleuchtet. Ich nahm mir vor, nun doch öfter nachts spazierenzugehen. Es war eine Freude! Da fiel mir ein, dass ich irgendetwas einkaufen sollte. Aber was? Das hatte ich vergessen. Ich biss die Zähne zusammen und ging weiter. Da war ein Haus. An dem Haus ein Spiegel. Ich warf einen prüfenden Blick hinein, ich versuchte zu lächeln … Ein grausiger Fund: Keine Zähne mehr im Mund!»

Vom Knirschen meiner Zähne erwachte ich.

Wach auf, Verdammter dieser Erde! rief meine innere Stimme mir zu, wach auf – und schon war ich auf, noch etwas schlaftrunken. Ich stellte das Radio an und schüttelte mir mit gymnastischen Übungen den Schlaf aus den müden Knochen.

Gegen vierzehn Uhr verließ ich, rasiert und verkleidet, mit meinem schwarzen Aktenkoffer in der Hand, die Wohnung.

Strüver war schon da. Er saß draußen, vor dem Café, wo wir verabredet waren, unter einem Sonnenschirm. Er blätterte in einer dicken Zeitung. Als er mich kommen sah, ließ er die Zeitung sinken, erhob sich halb, schüttelte mir die Hand: «Na, wie gehts?»

Ich nickte. – (Sonst, wenn ich zufällig irgendwo einen alten Bekannten traf, hatte ich mir ja angewöhnt, auf die Frage «Wie gehts?» gleich ein forsches «Und selber?» zurückzuschießen. Das befreite mich von allen Selbstdarstellungszwängen und sicherte mir im Weiteren die Rolle des stummen Zuhörers. – Aber so gut kannte ich Strüver damals noch nicht.)

Inzwischen hatte Strüver eine Tasse Kaffee für mich bestellt («Doch, doch, spendier ich Ihnen.»). Ich wollte zwar nicht, aber ebenso wenig wollte ich Strüver offenbaren, dass ich eben erst aufgestanden war und gefrühstückt hatte.

Dann kamen wir, ohne langes Vorspiel, zur Sache. Aus der Zentrale hatte Strüver die Adressen einiger Berliner Stammkunden mitgebracht, alles ausschließlich Westteil. Hier war «Kundenpflege» zu betreiben, das konnte man aber auch nebenbei miterledigen.

Vor allem jedoch – Strüver sah mich fest an – ginge es jetzt darum, Neuland zu erschließen. Ob ich mir denn da schon mal Gedanken gemacht hätte?

Ich klappte meinen Aktenkoffer auf und reichte ihm über den Tisch einige «Kundenlisten», noch aus alten KWV-Beständen. Strüver nahm sie entgegen, begann auf der ersten Seite sich festzulesen, dabei ruckte er mehrfach ungläubig den Kopf – dann blätterte er rasch die übrigen Seiten durch.

«Donnerwetter!» Mehr sagte er nicht. Mit unschlüssiger Bewunderung sah er mich an.

Es waren vollständige Mieterverzeichnisse mehrerer Straßenzüge. (Mein alter Zuständigkeitsbereich!) Neben den Namen: Angaben über Alter, Beruf und Wohnungsgröße. In der Spalte ganz rechts, «Sonstiges», waren Besonderheiten (Mängel, Reparaturleistungen und so weiter) der einzelnen Wohnungen aufgeführt. Auch laufende Ausreiseanträge waren gesondert vermerkt. Diese Wohnungen waren damals bevorzugt, mit Dringlichkeitsstufe, bearbeitet worden.

«Donnerwetter», sagte Strüver noch einmal – und wollte wissen, wie ich denn an dieses heiße Material gekommen sei?

Ich zuckte die Schultern und lächelte ihn allwissend an.

Strüver nickte mehrmals rasch hintereinander, so, als hielte er im Osten prinzipiell alles für möglich.

Um es gleich zu sagen: Ich bin der Meinung, es lag auch an den Listen. Das zeigte schon unser erster Versuch.

Strüver hingegen glaubte bis zuletzt fest an die Wunderkraft der Papiere. (Er war, später, eher bereit, das ausbleibende Kaufinteresse damit zu erklären, dass JONA, als eine westliche Kreation, im Osten auf ein «gänzlich anders sozialisiertes Publikum» stieß.)

Um überhaupt einen Anfang zu machen, nahm Strüver noch einmal die Listen vor. Er ging die Spalte «Beruf» durch. Bald schon schien er – zur «Einstimmung» – etwas Passendes gefunden zu haben.

Mein Blick streifte die Seite – kein roter Kreis! Das war gut. (Der rote Kreis war mein Aktenzeichen für erfolgten Hausbesuch.) Zwar hatte ich bei der Durchsicht der Listen streng darauf geachtet, lediglich solche Vorgänge auszuwählen, mit denen ich damals nur schriftlich, das heißt auf dem Amts- und Eingabenweg, befasst war – dennoch, äußerste Vorsicht war geboten. Auf gar keinen Fall wollte ich Leute besuchen, die mich noch von früher her kennen konnten.

Als wir im Auto saßen, gab Strüver mir noch einige Tipps für später, wenn ich allein unterwegs sein würde. Bei angemeldeten Besuchen zum Beispiel: niemals zu früh auftauchen! Lieber noch dreimal um den Wohnblock kurven. Schließlich, wir sind ja keine Strauchdiebe, keine Klinkenputzer – wir vertreten ein hochwertiges Produkt und das, verdammt noch mal, ist ja vertretbar. Deshalb sind wir auch sehr beschäftigt, unsere Zeit ist knapp. Wenn wir länger mit einem Kunden reden, schenken wir ihm unsere Zeit. Das tun wir ja gern, aber … Die Rollenverteilung (das Who is who?) muss im Vertretergespräch neu geregelt werden. Nicht *wir* sind die Verkäufer – der Kunde muss etwas wollen, er muss uns ein Stück seiner Wohnung für einen Zimmerspringbrunnen *verkaufen* wollen. Und dann kaufen wir uns – ihn!

So ungefähr.

Ich stellte mir vor, was wohl Julia dazu sagen würde, sähe sie mich hier mit Strüver auf der Fahrt in mein einstiges «Hoheitsgebiet». Um nun auch meinerseits etwas zum Gespräch beizusteuern, sagte ich, als Strüver längere Zeit geschwiegen hatte: «Eigentlich müsste ‹Auf der Suche nach der verlorenen Zeit› Pflichtlektüre für alle Ex-DDRler werden.»

Strüver, die Augenbrauen interessiert hochgezogen, sah kurz zu mir herüber, dann konzentrierte er sich wieder auf den Verkehr.

Mehrmals, den Blick nach vorn, nickte er noch nachträglich. Ich kam mir vor wie ein Kollaborateur, als wir in Strüvers weißem Firmen-Passat in meinen alten Kontrollbezirk einbogen.

Und ich bereute schon, die Listen herausgerückt zu haben – obwohl, sie waren nun mal das einzige «Stammkapital», das ich in meine frisch begonnene Vertreterlaufbahn einbringen konnte … Mein schlechtes Gewissen deswegen mischte sich mit der Lust, es nun wenigstens auch rechtmäßig zu verdienen. Ich setzte meine Sonnenbrille auf und versuchte den Ereignissen cool und entschlossen entgegenzusehen.

Schon die «Landung» erwies sich als schwierig. Früher hatte ich hier immer gleich einen Parkplatz bekommen. Jetzt schwebten wir längere Zeit bestimmungslos durch das Viertel, ehe wir schließlich in einer gerade freigewordenen Parktasche zum Halten kamen.

«Also denn», sagte Strüver.

Wir steuerten das Haus an, das Strüver für unseren ersten Versuch ausgewählt hatte. Unten, die Haustür, stand offen, das war gut – so entfielen umständliche Verhandlungen durch die Wechselsprechanlage. Ich setzte die Sonnenbrille jetzt doch wieder ab. Im zweiten Stock machte Strüver vor einer Tür Halt. «Mal sehen, ob es klappt.» – Ich sollte vor allem auf seinen Gesprächseinstieg achten, mich ansonsten aber still verhalten. (Vorher, im Auto, hatten wir noch vereinbart, dass ich – im Erfolgsfall – der Springer sein sollte, er würde solange oben die Stellung halten.)

Strüver drückte auf den Klingelknopf. Ich spürte, wie er sich konzentrierte. Angespannte Gelassenheit.

Schritte.

Die Tür ging einen Spalt auf, ein Schulkind.

«Guten Tag, mein Herr», sagte Strüver (er zwinkerte mir über die Schulter zu), «ob wir denn mal –»

«Papa», rief der Junge, blieb aber, ohne uns aus den Augen zu lassen, an der Tür stehen.

Strüver nickte ihm aufmunternd zu.

Ein Mann kam.

Vater und Sohn standen uns stumm gegenüber.

«Guten Tag, Herr Wunschke. Schön, dass wir Sie antreffen. Gestatten Sie – ich bin Uwe Strüver von der Firma PANTA RHEIn, und das hier ist mein Mitarbeiter, der Herr Lobek. Wenn Sie einen Augenblick Zeit haben – wir möchten Sie für ein Angebot interessieren, das gerade für Sie, in Ihrem Beruf als diplomierter Meeresbiologe …»

Die Tür fiel sanft ins Schloss.

Ich sah zu Strüver. Der blickte, Richtung Tür, unverwandt

geradeaus. (Hinter der Tür – Stimmen. Das Kind: Papa, wer war denn das? Papa: Ach, nichts. Idioten.)

Bedächtig stiegen wir die Treppe hinunter. Strüver sagte nichts. Ich sagte: «Mh.»

So schön ein gekonnter persönlicher Einstieg auch sein mochte – die Verwendung der alten Listen barg offensichtlich ungeahnte Risiken. Wer weiß, womit dieser – wie anzunehmen war, gewesene – Meeresbiologe sich derzeit seine Brötchen (seine luftigen Westbrötchen!) verdiente.

Wen alles wir noch an diesem Nachmittag aufsuchten, weiß ich nicht mehr genau. Wir gingen jetzt nämlich nicht mehr nach Liste vor, sondern verlegten uns auf Spontanbesuche. Strüver hatte diesen Kurswechsel sofort verordnet, als wir wieder unten auf der Straße standen: Man müsse nach solch einem Anfangsfehlschlag einfach völlig neu ansetzen, das Schädlichste sei jetzt eine zermürbende Fehlerdiskussion. Also – wir gingen auf gut Glück los, und wir schienen zunächst auch Glück damit zu haben ...

Zwei Häuser weiter, vierter Stock, wurde uns, nachdem wir mehrmals geklingelt hatten und schon gehen wollten, bereitwillig die Tür geöffnet. «Kommt rin, Jungs», sagte eine Männerstimme. Der dazugehörige Mann drehte sich um und ging voran – was heißt «gehen»? Er schien den schmalen Korridor bergan zu steigen. Mit einer Hand stützte er sich dabei an der Wand ab.

Es roch nach Bier.

Strüver zögerte.

«Wat nu?!» hörten wir die Stimme des Mannes, der inzwischen glücklich das Wohnzimmer erreicht hatte. Als wir näher traten, sahen wir, wie er sich in einen Sessel absenkte. Er sah zu uns auf und wischte mit der Hand, aus dem Handgelenk heraus, schräg durch die abgestandene Luft. Das war in Richtung Sofa geschehen – offenbar also als Einladung gedacht, dort Platz zu nehmen.

Wir ließen uns nieder.

Der Fernseher lief stumm, schnell wechselnde Bilder einer heiteren Rateshow.

Strüver zog eine Visitenkarte vor. Er wollte, wie ich annehme, zu einem geeigneteren Zeitpunkt wiederkommen. Der Mann nahm die Karte. Dabei richtete er sich aus dem Sessel auf. Er hielt sie mit beiden Händen. Es sah aus, als hielte er sich an der Karte fest. Er versuchte, die Schrift zu fixieren. Nach einer Weile nickte er sehr ernst. Er sah uns beide an. Dann nickte er noch einmal. Er legte die Karte ab – ich hob sie unauffällig vom Boden auf, sie war vom Tisch gefallen. Da sah ich, dass der Mann zur Seite kippte. Er verzog aber kein Gesicht dabei, sondern sah starr geradeaus. Ich dachte schon, dass wir auch ihn jetzt gleich vom Fußboden aufheben müssten; aber er hielt die Balance. Zweck dieser Schräglage war, das sah ich jetzt: Er wollte an seine Brieftasche gelangen. Schließlich hatte er sie umständlich aus der Gesäßtasche zutage gebracht. Den Inhalt kippte er auf dem Tisch aus: Fahrscheine, Kleingeld, ein Foto, eine Quittung. Schließlich hatte er gefunden, was er gesucht hatte. Er überreichte Strüver nun seine Karte. Der sah sie kurz an, dann legte er sie wieder, mit kurzem Seitenblick zu mir, vorsichtig auf den Tisch. Es war eine Kreditkarte.

Strüver erhob sich: Wir müssten jetzt leider zu einem anderen Termin, wir würden aber gern später noch einmal wiederkommen. «Is jut», sagte der Mann, «aber verjesst et nich, ick warte auf euch.»

Er blieb gleich sitzen, müde auf einmal. Mit dem halb hochgereckten Zeigefinger – geradeaus, nach rechts – hatte er uns noch stumm den Weg zur Wohnungstür gewiesen.

Beim Treppehinuntersteigen sagte Strüver (wohl mehr zu sich als zu mir): «Es gibt ethische Grenzen.»

Dafür war ich ihm sehr dankbar. Die ganze Zeit nämlich hatte ich mir vorstellen müssen, in welchem Zustand wir beide mich vor ein paar Monaten zu Hause angetroffen hätten. Vielleicht ein ähnliches Bild? Und als Zugabe noch Freitag! Das wollte ich gar nicht zu Ende denken …

Auch die weitere Bilanz dieses Nachmittages sah nicht gut aus. Im selben Haus unten, Parterre, ein Mann im Unterhemd, der schon nach dem ersten Klingeln in der Tür stand. Er litt unter Wölbungen. Aus dem ergrauten Haar wölbte sich ein nackter Kugelkopf auf, der runde Bauch wölbte das Unterhemd vor. Ehe wir überhaupt etwas sagen konnten, schüttelte er schon den Kopf: «Ich unterschreibe schon mal gar nichts mehr.»

Er sah uns lauernd an.

«Und wenn wir für Sie nun einen Sechser im Lotto hätten, Herr … (Strüver fischte schnell den Namen vom Klingelschild) … Herr Heinrich, mh?»

«Gar nischt unterschreib ick, basta.»

Und damit war die Tür zu.

Etwas weniger abrupt, aber ebenso erfolglos, endete unser Versuch Parterre Nebenhaus. Ein Rentnerehepaar. Sie erschienen beide in der Tür, aber nur die Frau verhandelte mit uns. Der Mann stand hinter ihr. Von dort aus, hinter ihrem Rücken, sandte er uns Zeichen zu. Immer, wenn die Frau etwas sagte, kommentierte er es entweder mit einem entschuldigenden Blick oder auch mit Augenverdrehen und ganz sonderbaren Grimassen. Es sah aus wie Taubstummensprache. Dann ging die Frau. Nun wandte auch er sich zum Gehen um, gab uns aber, bevor er die Tür schloss, zum Abschied schnell die Hand – wie unter Verschwörern.

«Herbert!» rief es aus dem Innern der Wohnung. Herbert also winkte zwar ab, schloss aber sofort leise die Tür.

Strüver sah mich an – ein Blick wie von Julia! Kurz hingeworfen, aber mit Langzeitwirkung ... Als sei ich für meine Landsleute haftbar!

Ich spürte auf einmal eine starke innere Anspannung. Deshalb wandte ich mich schnell zur Seite und machte eine der für diesen Fall empfohlenen Lockerungsübungen: Ich drückte beide Augen fest zu, ganz fest, lockerte meinen Unterkiefer und ließ ihn rasch von einer Seite zur anderen gleiten ... Wichtig dabei war: ganz ruhig zu atmen.

Es half! Schon nach kurzer Zeit entspannten sich meine Gesichtszüge, wohltuende Wärmewirbel unter der Haut. Ich versuchte zu lächeln: Ja, ich konnte wieder lächeln, breit und gewinnend. Dankbar hielt ich die Augen geschlossen, der Mund stand halb offen ...

Da spürte ich Strüvers Hand auf meiner Schulter. Von fern hörte ich seine Stimme: Ob mich das alles denn sehr mitgenommen hätte? Ich sollte es mir nur ja nicht so zu Herzen gehen lassen, manchmal habe man eben einen schwarzen Tag ... Herr Lobek!

Ich schlug die Augen auf – Strüver beobachtete mich mit wissenschaftlichen Blicken. Ich glaube, er wollte auch, dass ich mich hinsetzte, gleich auf die Treppenstufen.

Rasch schüttelte ich den Kopf. Von mir aus konnte es jetzt weitergehen. Zur Bekräftigung und um etwas zu sagen, sagte ich, oder versuchte ich zu sagen, wobei ich allerdings Schwierigkeiten hatte, das Wort ganz über die Lippen zu bringen (denn noch war ich viel zu erregt und blieb bei den ersten Malen jeweils bei «Topf-» hängen) – – – «Top-fit», endlich, ich hatte es herausgebracht. Ich nickte bekräftigend. Strüver aber schüttelte den Kopf. Schluss, entschied er, Schluss für heute.

Zum Glück hatten wir noch, rein routinemäßig und um dieses Haus abhaken zu können, an der Tür gegenüber geklingelt. «Mario Kohlmey» stand auf einem großen Messingschild, direkt unter dem funkelnden Auge des Türspions. Eine junge Frau öffnete. Als Strüver seinen Psalm heruntergebetet hatte – inzwischen, wie ich fand, doch schon ein bisschen lustlos –, nickte sie und sagte: «Das macht alles mein Mann.» Strüver hakte nach. Es stellte sich heraus, dass Herr Kohlmey Chef einer Computerwerkstatt war. Frau Kohlmey gab uns seine Geschäftskarte, ja, sie würde ihm Bescheid geben, morgen, gegen Mittag, könnten wir ihn in der Firma antreffen.

Als wir im Auto saßen, spann Strüver schon die Fäden für das Gespräch mit Kohlmey. Das könnte ein Großauftrag werden! Er spielte verschiedene Eröffnungsvarianten durch. Dabei redete er sich richtig in Rage. Eine schwedische Studie zum Beispiel hatte ergeben, dass die Arbeit am Computer, der starre Blick auf den Bildschirm, vermehrt zu Bindehautentzündungen führt. Kämen noch Kopiergeräte hinzu, wäre die dadurch bedingte geringe Luftfeuchtigkeit ein durchaus ernsthaftes Gesundheitsrisiko. Die Aufstellung von Zimmerspringbrunnen würde demnach nicht nur das Betriebsklima allgemein verbessern, sondern könnte als arbeitshygienische Maßnahme auch den Krankenstand senken …

«Übrigens, wie geht es Ihnen denn?» wollte Strüver wissen, «vorhin waren Sie ja richtig weg!»

«Kein Problem», sagte ich. Es tat mir aber gut, dass Strüver fragte.

Er wollte mich noch nach Hause bringen, aber ich bat ihn, mich vorn, bei der Kaufhalle, abzusetzen. Dort, in einem der Hochhausblöcke, ist meine Zahnarztpraxis. Mir war eingefallen, dass ich schon seit Ewigkeiten nicht mehr beim Zahnarzt gewesen war. Es war schon zu. Ich schrieb mir die Öffnungszeiten ins Notizbuch. Unter Umständen konnte ein Zahnarztbesuch auch dienstlich ganz interessant sein. Ein Zimmerspringbrunnen im Wartezimmer? Sicherlich einladender und beruhigender als farbige Schautafeln mit der Abbildung kariöser Zähne und akuter Mundfäulnis.

Ich merkte es mir auf jeden Fall vor.

Auf dem Heimweg überlegte ich, was ich Julia von meinem ersten Arbeitstag berichten könnte. Das war nicht ganz einfach.

Je mehr ich jedoch darüber nachdachte, desto klarer wurde mir, dass ich am Abend unbedingt Studienheft 3 noch einmal durcharbeiten sollte: «Was kann und was soll ein Überraschungsangriff?» und «Zu Wesen und Bedeutung des Begriffes ‹Überfallkommando›».

Julia war noch nicht zu Hause. Dafür blaffte Freitag mich an. «Halt die Schnauze!» blaffte ich zurück. Ich ging zum Telefon. Da fiel mir ein, dass ja Donnerstag war, der letzte im Monat. Alles klar, da traf sich Julia immer mit Conny, zum Skatabend. Conny war Julias alte Schulfreundin. Sie hatten sich nach der Wende wiederentdeckt. Nach mehreren Ehen, die sie der Einfachheit halber durchnummeriert hatte, war Conny, nach eigenem Bekunden, schließlich «Radikalfeministin» geworden. Was das genau zu bedeuten hatte, wusste ich nicht, ich hatte aber immer ein bisschen Angst vor ihr. Ursprünglich wollten sie sich zum Skatabend abwechselnd bei Conny und bei uns treffen. Aber nachdem Conny einmal bei uns gewesen war, hatte sie behauptet – so sagte es mir Julia, die Conny noch nach unten gebracht hatte –: ich hätte sie den ganzen Abend «angestiert». Das stimmte zwar nicht ganz (ich hatte nur immer wieder fasziniert beobachten müssen, wie die Crème fraîche des Kartoffelsalats, den übrigens ich zubereitet hatte, sich in Connys Mundwinkeln sammelte, wenn sie sprach); auch Julia war sich da nicht ganz sicher. Aber seitdem trafen sie sich immer bei Conny. Das war ganz gut so.

In der Küche machte ich mir Abendbrot. Um nicht ganz allein essen zu müssen, holte ich mir mein Studienheft, lehnte es an die Blumenvase, und da es immer wieder zuklappen wollte, baute ich links und rechts jeweils eine Bierflasche auf.

Ich war eingenickt und schreckte, als die Wohnungstür aufgeschlossen wurde, hoch – schaffte es aber noch, geistesgegenwärtig auf die Uhr zu sehen: 0.17 Uhr (MEZ) kam Julia vom «Skatabend» nach Hause!

Strüver und ich, wir trafen uns am nächsten Vormittag vor der Computerwerkstatt Kohlmey. Aber beide waren wir viel zu früh da. (Ich hatte diese Nacht kaum geschlafen!) Es war noch gut eine halbe Stunde Zeit. Plötzlich schlug Strüver, um die Zeit nicht sinnlos verstreichen zu lassen, vor: jetzt solle doch mal ich mein Glück versuchen, hier, irgendwo. Er würde sich dabei völlig im Hintergrund halten.

Ehe ich überhaupt ein Wort sagen konnte, steuerte er schon eines der Häuser an und drückte auf einen Klingelknopf. Dann trat er zurück, stellte sich hinter mich.

Schritte hinter der Tür. Die Tür ging auf, eine Frau (Frau «Windisch», das hatte ich noch mitbekommen). Ich spürte, wie mein treuer Begleiter, «Freund Handschweiß», Feind Nr. 1 jedes Vertreters, in Erscheinung trat, wischte meine Hand an der Hose ab – und das war schon gleich zu Beginn so linkisch, dass ich, nachdem ich mich kurz vorgestellt hatte, sofort die Flucht antrat, die Flucht nach vorn – ich stürmte geradezu die Wohnung. (Das war zwar im Grunde genommen auch kein so guter Einstieg, aber mir war keine andere Wahl geblieben!) Zustatten kamen mir dabei meine Ortskenntnisse: Ich kannte diesen Typ Neubauwohnung noch aus meinem damaligen KWV-Revier. Zielsicher bewegte ich mich auf den Kernbereich der Wohnung zu, trieb Frau Windisch förmlich vor mir her. Und im Wohnzimmer – richtig! – stieß ich auch auf die mir wohlbekannte Problemzone.

Bei diesem Wohnungstyp, das muss ich vielleicht dazusagen, war die fensterlose Küche mittels einer sogenannten «Durchreiche» vom Wohnzimmer abgetrennt. Wie viele Anträge und Eingaben hatte ich nicht in meiner Dienstzeit allein wegen dieser Durchreichen zu bearbeiten gehabt! Oft wurde sie einfach als Ablage genutzt. Doch da der Küchenabzug kaum benutzt werden konnte, weil man sonst Gefahr lief, die Gerüche des ganzen Seitenstranges in der Wohnung zu haben, wurde die Küche meist über das Wohnzimmerfenster gelüftet. Entsprechend dick setzte sich der fettige Küchenwrasen auf eben dieser fehlkonstruierten Durchreiche ab. Ein ständiges Ärgernis! Einige Mieter beantragten, diese Durchreiche ganz abzureißen, andere wiederum wollten sie mit Gipskartonplatten verkleiden. Unzählige Termine, Ortsbegehungen und Rücksprachen in dieser Sache. Ich hatte einen Extra-Ordner dafür angelegt. Auf einmal hatte ich diesen ganzen leidigen Vorgang wieder deutlich vor Augen. Ich war in meinem Element!

«Sehen Sie, Frau Windisch», sagte ich leise, «und hierher käme dann also unser Modell.»

Erstaunt, aber folgsam, wie unter Fernsteuerung, räumte Frau Windisch die Matrjoschkapuppen, die folkloristischen Töpfe, Teller und Löffel beiseite – sie sah mich groß dabei an, nickte immer wieder; ich wusste gar nicht, ob sie mir richtig zugehört hatte. Und auch ich war erstaunt: so ein langer Satz war mir schon lange nicht mehr über die Lippen gekommen.

Strüver, der sich tatsächlich zurückgehalten hatte – er sah nur schrecklich bleich aus –, blickte auf die Uhr. «Der Kohlmey-

Termin!» Das brachte er hervor wie eine Erlösungsformel. Er wartete noch in der Wohnung, bis ich das JONA-Modell aus dem Auto geholt hatte, dann ging er los; den Rest sollte ich allein erledigen.

Was im Weiteren geschah?

Die Vorführung des sprudelnden Walfischs erfolgte also bereits in Abwesenheit Strüvers.

Danach, als wir uns im Wohnzimmer gegenübersaßen und Kaffee tranken, sagte mir Gaby (das ist der Vorname der Frau Windisch), mein entschlossenes Auftreten, mein zielsicher-männliches Vorgehen hätten ihr unheimlich imponiert. Endlich habe ihr mal wieder einer ohne große Worte gesagt, wo es langginge. Ich sei wohl jemand, der die Fäden fest in der Hand hielte und nicht erst lange fackele – sie sei davon wie hypnotisiert gewesen!

Wenn das nicht leider so völlig abwegig gewesen wäre, hätte ich sie am liebsten gebeten, mir das schriftlich zu geben, Wort für Wort, schwarz auf weiß. Das hätte ich ja dann bei entsprechender Gelegenheit Julia mal ganz nebenbei unter die Nase halten können.

Haifischbecken der Gefühle

Wieder, wie schon so oft, war es Freitag, der Hund, der folgenschwer weichenstellend in mein Leben eingriff …

Aus Gründen der Inspiration hatte ich an mehreren Stellen der Wohnung JONA-Modelle aufgestellt und in Betrieb genommen. Es plätscherte fröhlich – und da die Modelle nicht völlig synchron liefen, gab es ein ständig bewegtes, ein bewegendes, Auf und Ab zwischen Wohnzimmer, Küche und Bad … Ich kam mir vor wie auf hoher See!

Die Aufstellung war dadurch ermöglicht worden, dass Julia mich kurz zuvor verlassen hatte.

Schon die erste Großlieferung, 76 Modelle – ich hatte Strüver unsere Wohnung als provisorisches Zwischenlager angeboten –, war von Julia überaus bissig kommentiert worden: Niemand könne von ihr verlangen, im Warenlager «eines Halbirren (!)» zu hausen! – Dabei, ich hatte streng darauf geachtet, dass im Flur, wo ich den Großteil der Kartons aufgestapelt hatte, ein ausreichend breiter Trampelpfad geblieben war.

Eines Abends, auf dem Weg zum Bad, war Julia über einen der Kartons gestolpert. Meiner Meinung nach: vorsätzlich!

Ich kam selbstverständlich dennoch sofort aus dem Hobbyraum herbeigestürzt, um gegebenenfalls erste Hilfe zu leisten.

Nun – im ausgeborgten Tonfall einer Operndiva (die Hände in Brusthöhe über dem zusammengezurrten Bademantel fest ineinander verkrallt), ließ Julia, die übrigens keinerlei äußere Verletzungsspuren vorweisen konnte, drohend vernehmen: «Ich fürchte hier in dieser Wohnung, unter einem Dach mit dir, bald um meinen Verstand!»

Da ist ja nichts zu befürchten, Gott sei Dank, dachte ich kleinlaut, aber in der Sache wohl zutreffend. Trotzig blickte ich sie an: Der Trampelpfad war wirklich breit genug!

Nunmehr sollte ich zum ersten Mal in meinem Leben Augenzeuge dessen werden, wie jemand, buchstäblich und ohne zwingend-erkennbaren Grund, «nach Luft schnappt». Julia tat es. Sie tat es mit einer gewissen Lust, wie mir schien.

Ihre Augen, zwei funkelnd schwarze Punkte, waren dabei unersättlich auf mich gerichtet. Sie sah sehr schön aus in diesem Augenblick. Dann aber begann sie zu sprechen. Doch so einfach war das nicht. Sie musste erst ihre Worte suchen.

«Lobek», sagte sie schließlich.

«Ich sage dir zum letzten Mal», setzte sie wieder neu an, und sie sagte das, wie alles Weitere, was noch kam, indem sie die Worte gleichsam buchstabierte; oder, genauer, langsam aufprallen ließ, wie Hammerschläge auf einer Rudergaleere …

«Lobek» (noch einmal also), «in deiner netten Gesellschaft hat man als denkender Mensch und als Frau keine andere Wahl: Man kann …» (die Pausen zwischen den Wörtern waren immer länger geworden), «man kann in deiner Gesellschaft nur irre werden!» (Bei «irre» hatte sie dann auch tatsächlich, wohl um es zu unterstreichen oder zu demonstrieren, die Augen in ungewöhnlicher Weise, nämlich gegeneinander, verdreht.)

Ich sagte nichts dazu. Du liebes, gutes Kind, dachte ich nur milde und voller Nachsicht bei mir. Was soll denn da ich erst sagen? Ich befinde mich ja 24 Stunden des Tages in meiner Gesellschaft! Tag für Tag. Und wie viel lange Jahre das schon. Zwar, zum Glück, von gelegentlichen Ruhepausen, kürzeren oder längeren Schlafpausen unterbrochen – aber auch da wusste man ja nie, was auf einen zukam … Dr. Redlow zum Beispiel, der große geniale Hauptdarsteller meiner Alpträume, nachts, wenn er mit seiner ganzen miesen Mannschaft aus der Wand sprang …

Ich wollte etwas Einlenkendes sagen –

«Musst du eigentlich immer das letzte Wort haben?» unterbrach mich Julia.

«Nein», sagte ich – und hatte es also, wie ich glaubte, glücklich erbeutet.

Doch auch an den nächsten Tagen spürte ich eisig Julias Ablehnung. Als wir am darauffolgenden Sonnabendvormittag zusammen (genauer gesagt: zeitgleich) Hausputz machten, störte sich Julia wieder an den Kartons im Flur. Mein gut gelaunter Hinweis, dass man unter den Kartons nicht staubsaugen müsse, weil nach menschlichem Ermessen dorthin ja überhaupt gar kein Staub gelangen könne, wurde von ihr als «zynisch» zurückgewiesen. Ich wollte der Sache jetzt aber auf den Grund gehen, ging in meinen Hobbyraum und setzte mich an den Tisch.

Lange überlegte ich.

Ich musste Julia einen Brief schreiben, um endlich Klarheit über unsere Verhältnisse zu erlangen. Mehrmals setzte ich an, schrieb rasch etwas auf, verwarf es dann jedoch wieder. Mehrere angefangene Varianten lagen auf dem Tisch.

Ich erinnerte mich daran, wie wir uns kennengelernt hatten ... im D-Zug Leipzig–Berlin ... das Kreuzworträtsel in der WOCHENPOST ... sibirischer Fluss mit zwei Buchstaben ... «*Ob* ich Ihnen behilflich sein dürfte?» ... Lauter verdrehte Einzelheiten fielen mir wieder ein. Unser erster, verregneter Zelturlaub an der Ostsee, in Baabe, wo wir uns nur von Blutwurst aus Büchsen und Senf aus Bautzen ernährten. Die Nacht im Strandkorb. Das Baden beim Sonnenaufgang ...

Das allgegenwärtige Wasser brachte mich schließlich wieder zum Ausgangspunkt meiner Überlegungen, zum gegenwärtigen Tiefstand unserer Beziehung zurück. Ich wollte ja auch gar keinen Roman schreiben, sondern nur klipp und klar wissen, 1.) wie Julia allgemein zu mir steht? und 2.) ob sie meinem weiteren beruflichen Werdegang gegenüber aufgeschlossen ist?

Ich weiß nicht – wahrscheinlich hatte ich den richtigen Ton doch nicht getroffen, oder ich hatte es zu scharf formuliert ... Jedenfalls, als ich etwa anderthalb Stunden, nachdem ich meinen Zettel auf dem Küchentisch abgelegt hatte, wieder in die Küche kam (unter dem Vorwand, mir eine Tasse Kaffee zu kochen, hauptsächlich natürlich, um zu sehen, ob und wie Julia meine kleine Botschaft aufgenommen hatte), sah ich, dass Julia auf die Rückseite meines Zettels ein großes «Jawohl» geschrieben hatte (mit drei Ausrufezeichen), und darunter, kleiner, eine Telefonnummer, unter der sie zu erreichen sei – aber nur (und das war doppelt unterstrichen) «in dringenden Fällen».

Ich nahm den Zettel hoch, ich drehte ihn um und las noch einmal meine Zeilen: «Wenn Du meine Art nicht erträgst, dann nimm Dir doch einen Stoffhasen zum Mann!»

Mein erster Gedanke, als ich wieder denken konnte, war: Ich rufe bei Hugelmann an und verlange die unverzügliche Herausgabe meiner Ehefrau. Aber es war Sonnabend – Hugelmann nicht im Büro! (Ich konnte mir natürlich denken, wo er war ...)

Allerdings war das auch nicht Hugelmanns Privatnummer. Die hatte ich nämlich mal, eher zufällig, in Julias Adressbüchlein gefunden, als ich in Julias Handtasche – diesem kleinen, schwarzen Bermudadreieck! – nach meinem Kellerschlüssel forschte, ohne ihn freilich in diesem Chaos finden zu können. (Er war ja auch, wie sich später herausstellte, ordnungsgemäß in der Gesäßtasche meiner Jogginghose, wo er schließlich hingehört.)

So nahm ich mir also unser gemeinsames Telefon-Adressbuch vor und ging systematisch die Nummern durch. Ich hatte Glück, ich musste nicht lange suchen. Die fragliche Nummer entdeckte ich ziemlich schnell – und zwar hinter dem Eintrag: «Conny – zu Hause!» Conny also ...

Vielleicht war ja die Flucht auch schon von langer Hand, unter dem Deckmantel angeblicher «Skatabende», vorbereitet worden?

Conny steckte also mit Julia und Hugelmann unter einer Decke! Ich stellte mir das bildlich vor – mir wurde ganz elend. Plötzlich hatte ich Julias Stimme im Ohr. Oft hatte sie ja abends stundenlang mit Conny telefoniert: «Wir brauchen morgen abend noch einen dritten Mann ...» – Jetzt erst erkannte ich das ganze abgründige Ausmaß dieses verschlüsselten Satzes.

Hilflos sank ich auf dem Flurfußboden nieder. Ich schloss Freitag, der sich mir unschlüssig genähert hatte, fest in meine Arme. Jetzt waren wir beide ganz alleine auf der Welt! Ich spürte seine Wärme – da bemächtigte sich meiner ein eiskalter Gedanke: Noch war ja nicht alles verloren, immerhin hatte ich ja noch ihn – als Geisel!

Würde ich ihm nun mehrere Tage nichts zu fressen geben, bei Conny und Julia anklingeln und Freitag dann einfach den Hörer hinhalten ... wenn er so traurig in den Apparat winselte, musste sich doch etwas in Julia rühren, musste sie doch ...

Als hätte Freitag meine Gedanken gelesen, wurde er unruhig und wollte sich von mir losmachen. Ich schämte mich, kam mir gemein vor, so etwas überhaupt gedacht zu haben. Rasch trocknete ich meine Tränen – und begann nun die Wohnung neu, meinen Arbeitsbedürfnissen entsprechend, einzurichten. Das heißt (so, wie ich das oben schon angedeutet hatte): Aufstellung und Inbetriebnahme der Zimmerspringbrunnen. Die «Nach-Julia-Ära» hatte begonnen.

Anfangs war Freitag meinen Installationen nur mit geringem Interesse gefolgt. Beinahe gleichmütig nahm er die Aufstellung hin. Als ich dann jedoch immer mehr – auch zentrale! – Punkte der Wohnung mit Zimmerspringbrunnen bestückte, witterte er Gefahr. Sein Nackenhaar sträubte sich. (Wollte hier jemand in sein Revier eindringen?) Er zog sich unter den Küchentisch zurück und beobachtete von dort aus, den Kopf zwischen den Pfoten, ratlos das Geschehen.

Beim ersten sprudelnden Auftauchen eines JONA-Walfisches hatte Freitag noch versucht, diesen zu verbellen, und, ermutigt durch dessen alsbaldiges Untertauchen, es auch das nächste Mal von neuem versucht. Doch diese Reflexkette konnte auf Dauer nicht funktionieren; immer weitere der aufgestellten Springbrunnen füllte ich mit Wasser auf und schaltete sie an. So kommentierte er schließlich die überall auf- und abtauchenden Walfische nur noch mit einem bösen, aber resignierten Knurren …

Einmal, ich komme ins Wohnzimmer – auch dort, neben dem Tisch, inzwischen ein JONA-Brunnen. Freitag, auf seinen Hinterpfoten, sitzt ganz brav davor und begutachtet mit offenem Maul, einigermaßen sprachlos, das maritime Schauspiel.

Ich musste lächeln.

Ich will ihm nun erklären, wozu ich die Springbrunnen aufgestellt habe – dass ich mir auf diese Weise nämlich ein tieferes Verständnis ihrer Wirkungsweise, vor allem ihrer Wirkung auf die menschliche Seele, erhoffe … gehe also zu ihm hin, lege meinen Arm gewissermaßen «um seine Schulter» … Er aber, ohne den Blick vom Springbrunnen abzuwenden, knurrt nur vor sich hin.

Sicher – und nun komme ich zu dem eingangs erwähnten Wendepunkt –, sicher war ich in dieser bewegten Zeit meiner Aufsichtspflicht dem armen Hund gegenüber nur unvollständig nachgekommen. Keineswegs jedoch, wie man vielleicht vermuten könnte, in der unterbewussten Absicht, ihn doch noch in eine bedauernswürdige, halbverhungerte Kreatur zu verwandeln, mit deren Hilfe ich Julia gegebenenfalls zurück nach Hause hätte locken können … Nein, ich war nur einfach rund um die Uhr beschäftigt! Tagsüber war ich mit Strüver «auf Tournee», und kam ich abends «nach Hause», wartete auf mich die Routenplanung für den nächsten Tag. (Diese Aufgabe war mir als dem Ortskundigen – dem «Eingeborenen», wie Strüver es nannte – zugefallen.) Das heißt: die telefonisch vereinbarten Termine waren mit Spontanbesuchen in ausgewählten, charakteristischen Wohngebieten zu koordinieren; letzteres sollte vor allem der Markterforschung dienen.

So saß ich also eines Abends wieder über dem Faltplan. Ich versuchte gerade, einen Kundenbesuch in Dahlem, später Vormittag, mit einem Nachmittagstermin, einem «Anbahnungsgespräch», in Weißensee zu überbrücken, und kreiste gerade als Zielgebiet für die Mittagsstunden Hohenschönhausen ein – da nahm ich einen Geruch in der Wohnung wahr. Es roch – unzweifelhaft, wenn auch unbestimmt.

Dass Freitag sich so auffällig ruhig verhielt, war kein gutes Zeichen. Schweigt er, ist meist Gefahr im Verzug.

Immer der Nase nach, gelangte ich ins Wohnzimmer.

Freitag sah fern. Das war in Ordnung, das hatte ich ihm erlaubt. Nach der Tagesschau ließ ich den Fernseher meistens an. Freitag war dann ruhiggestellt, lag dösend vor der Mattscheibe, schlief wohl auch gelegentlich ein. (Ich musste da natürlich aufpassen, was kam: Sielmanns «Expeditionen ins Tierreich» konnte ich ihn zum Beispiel nicht allein sehen lassen!) Es lief aber an diesem Abend nur ein amerikanischer Familienfilm, nichts Aufregendes, und Freitag lag auch ganz teilnahmslos da.

Das alles hatte ich, in Sekundenbruchteilen, mit einem Blick erfasst – mein zweiter Blick aber offenbarte mir die Quelle des Geruchs: Der Walfisch im Wohnzimmerbrunnen hatte gerade seinen Kulminationspunkt erreicht. Doch anstelle der Wasserfontäne, die er jetzt normalerweise ausstoßen müsste, stob er nur eine dünne Rauchwolke aus. Und schon ging es wieder abwärts mit ihm – doch er versank nicht wie vorgesehen in den Fluten: das konnte er gar nicht, er war gestrandet, das Becken war ausgetrocknet, leer! (Was nach Gebrauchsanweisung gar nicht sein darf. Denn das Wasser hat auch eine Kühlfunktion.) Das Gerät war heißgelaufen. Es roch verschmort, nach angesengtem Gummi.

Ich riss den Stecker aus der Dose und öffnete das Fenster.

Nachdem das Gerät sich ein wenig abgekühlt hatte, füllte ich vorsichtig Wasser nach. Ich wollte die undichte Stelle finden. Zuerst zischte und dampfte es, doch dann blieb das Wasser stehen – genau auf Eichstrich, keine Absenkung. Aha. Ein Leck war es nicht.

Beim Wasserauffüllen war Freitag angeschnüffelt gekommen, hatte seine feuchte Hundeschnauze an mich gepresst. Ich wollte mich schon freuen, dass wenigstens er Anteil an meinen Nöten nahm … und mir fiel ein, dass ich ihm am Morgen gar kein Wasser hingestellt hatte, das wollte ich übrigens gleich nachholen, obwohl er mir gar nicht durstig zu sein schien … Da, in diesem Moment fiel mein Verdacht schwer und schlimm auf ihn. Natürlich, anders konnte es ja gar nicht gewesen sein. Er hatte das Wasser aus dem Becken geschlürft, wie denn sonst. Obwohl ich ihm das direkt nicht nachweisen konnte – alle Indizien sprachen dafür.

Inzwischen hatte er sich wieder der Länge nach vor dem Fernseher ausgestreckt. Ohne mich lange auf Erörterungen einzulassen, ging ich hin und schaltete einfach den Apparat aus. Freitag stand auf, ganz arglos. Dann trottete er müde Richtung Flur. Im Hinausgehen warf er mir noch – so wie immer, wenn der Fernsehabend zu Ende war – seinen «Gute-Nacht-Blick» zu.

Na, gute Nacht!

Unterdessen nämlich hatte ich feststellen müssen, dass sich der Walfisch, wahrscheinlich infolge der Hitzeeinwirkung, von der Säule, die ihn hob und senkte, gelöst hatte. Als ich ihn nur einmal kurz berührte, hielt ich ihn schon in der Hand. Das also war die Bilanz des Abends: ein ruiniertes JONA-Modell, und ich – ratlos.

Ich ging erst einmal, da ich mich vorerst außerstande sah, weitere Schritte zu unternehmen, in die Küche. Aus dem Gemüsefach des Kühlschranks nahm ich eine Büchse Bier. Während ich sie langsam austrank, plante ich mein weiteres Vorgehen.

Zunächst, eine Vorsichtsmaßnahme, schaltete ich nun auch die anderen Zimmerspringbrunnen aus. Dann trug ich die traurigen Reste des defekten Modells in den Hobbyraum, an meinen sicheren Zufluchtsort.

An der Werkbank besah ich mir die Schäden genauer. Der Walfisch war nicht mehr zu retten. Unten, die Halterung – abgebrochen; oben, der Kopf – durch die heißen Dämpfe teilweise zerschmolzen. Das waren, meinen Erfahrungen aus dem Rot-Kreuz-Lehrgang nach zu urteilen, mindestens Verbrennungen 2. Grades. Das Wasserbecken, einschließlich der Hebesäule, jedoch noch intakt. (Nur den angeschmorten Wasserzuleitungsschlauch im Innern der Säule musste ich oben mit dem Taschenmesser etwas kürzen.)

Da saß ich nun.

Zwar war der bisherige Absatz eher schleppend gewesen und plötzliche Engpässe nicht in Aussicht – im Gegenteil, durch eine etwas voreilig georderte Nachlieferung war der Bestand inzwischen auf 417 Modelle angewachsen; dennoch, am Ende würde in der Abrechnung ein Modell fehlen.

Die Nachbestellung war übrigens nach einem Besuch zustande gekommen, der mir – obwohl er meinen ersten großen Erfolg einleitete – beklemmend in Erinnerung ist. Von Anfang an hatte ich da ein ungutes Gefühl. Als aber die Tür aufging, zu spät, fiel es mir wieder ein: Werner Janowski; ehemaliger PGH-Chef, später in der Handwerkskammer, inzwischen im Vorruhestand. (Wir hatten früher einige Male miteinander zu tun gehabt, Reklamationen und Bauabnahmen, glaube ich.) Ich musste mich in meinen Listen vertan haben!

Die ganze Zeit hatte ich Angst, er würde mich erkennen. Zum Glück hielt Strüver die Fäden fest in der Hand, lenkte alle Aufmerksamkeit auf sich. Janowski empfing uns wie zu einer Dienstbesprechung. Und, was mich sehr erstaunte, Janowski – obwohl er meines Wissens nicht mal in der Partei gewesen war, im Gegenteil, damals immer die tragende, lebenswichtige Rolle des privaten Handwerks hervorgehoben hatte – hielt mit uns eine Art Parteilehrjahr ab. Er holte Mappen, die eigens zu diesem Zweck bereitzuliegen schienen, aus einem Schrankwandschubfach hervor, als hätte er nur auf diesen Tag, auf diesen Moment gewartet.

Strüver war sehr davon beeindruckt, man sah es. Später musste er dann doch los; es dauerte einfach zu lange.

Ich blieb noch bis zum Schluss, und, gewissermaßen als Belohnung für mein Zuhören und Warten, erhielt ich die Unterschrift für drei Modelle! Wahrscheinlich war es weniger JONA, und auch meine Rolle dabei will ich nicht überschätzen; ich hatte vielmehr den Eindruck, Janowski brauchte das einfach mal wieder: die Lesebrille wichtig aufzusetzen und («Na, geben Sie schon her») seine Unterschrift folgenschwer unter ein Papier zu wischen.

Ich verließ damals jedenfalls etwas benommen die Wohnung. Als ich dann Strüver traf und ihm die Kaufverträge zeigte, spürte ich das erste Mal so etwas wie Verkäuferstolz.

«Alles fließt …» Das JONA-Modell im Hobbyraum, wohin Freitag keinen Zutritt hat, hatte ich natürlich nicht ausgeschaltet. Ich gönnte mir, bevor es zu Entschlüssen über das weitere Vorgehen kam, einen kurzen Moment der Stille, der Meditation …

Jetzt, wo Julia gegangen war, verstand ich mich übrigens wieder ausgezeichnet mit ihr. Unser Verhältnis wurde durch keinerlei Alltag mehr beeinträchtigt. Es hatte eine neue, rein geistige Dimension gewonnen. Ich hatte mir angewöhnt, stumme Zwiesprache mit Julia zu halten. So erzählte ich ihr, was Freitag wieder ausgefressen hatte, und dass er sich allmählich zum Sicherheitsrisiko entwickelte. Die ganze Wohnung hätte ja abbrennen können.

Ich verschwieg ihr auch nicht, dass ich vor einigen Tagen eine Stelle im Protokollbuch geschwärzt hatte, die mir, als ich sie auf dem Höhepunkt unserer Krise eintrug, durchaus wie eine Fundamentalerkenntnis vorgekommen war: «Die Ehe als Zweierbeziehung hat etwas Widernatürliches.» (Ich muss dazusagen, dass ich sie wahrscheinlich vor allem auch deswegen wieder ausstrich, weil sie mir ein bisschen zu sehr à la Conny klang.) Das alles verhinderte allerdings nicht, dass ich beim Durchblättern des Protokollbuchs immer wieder an dieser Stelle einhielt, sogar die Seite gegen das Licht hielt, um im Durchscheinen die Schrift zu entziffern, ob sie überhaupt noch dastand.

Wie auch immer. Das Nachdenken führte zu nichts.

Vor mir stand das unbrauchbare JONA-Modell. Und da ich es nicht länger untätig anstarren konnte, zog ich mir meinen blauen Arbeitskittel über, öffnete den Werkzeugschrank und begann mit der Arbeit. Wenn man nicht weiß, was man machen soll, muss man etwas tun.

Später bin ich oft gefragt worden, wie ich damals auf meine Idee gekommen bin, ob vielleicht «Auferstanden aus Ruinen» mich inspiriert hätte? Ich weiß es nicht. Ich konnte es nie genau sagen.

Beim Heimwerker arbeiten die Hände! Der Kopf, als stiller Beobachter, kann von seiner hohen Warte aus dem Treiben der Hände nur staunend folgen. Die Form selbst will Gestalt annehmen. Und ist erst einmal der erste Schritt in eine bestimmte Richtung getan, folgen die anderen wie von selbst. Man gerät in einen wohltuenden Sog der Zwangsläufigkeiten.

So musste ich etwa, wegen des gekürzten Zuleitungsschlauches, auch den Fernsehturm, der jetzt das Zentrum bildete, ein Stück kürzen. Ich sägte ihn, bevor ich ihn wasserfest aufklebte, unterhalb der Kuppel ab. Dadurch wurde er zum Kegelstumpf, was wiederum den Gedanken nahelegte, um ihn herum eine Vulkanlandschaft entstehen zu lassen.

Und so weiter. – Ich deute das nur an, um zu zeigen, dass im Schaffensprozess auch Zufälliges mit im Spiel war.

Ebenso war es beim Namen. Als ich, spät nach Mitternacht (Freitag, der Sünder, schlief schon längst), den ersten Probelauf durchführte, wusste ich sofort: Es muss ATLANTIS heißen.

Damals dachte ich noch, es würde bei diesem einen Stück, diesem Unikat, bleiben – und ich wollte es im Gefolge von JONA diskret mit durchschmuggeln, eventuell gegen Preisnachlass (den Rest würde ich natürlich aus eigener Tasche dazulegen). Deshalb schob ich auch die Kiste, aus der ich den Fernsehturm entnommen hatte, wieder ganz nach hinten in den Schrank. Es handelte sich da um Geschenkartikel, ca. 250 Stück Kugelschreiber in Form des DDR-Fernsehturms, die ich noch aus meiner KWV-Zeit herübergerettet hatte. (Gedacht waren sie ursprünglich als «kleines Dankeschön» für Bürger, die sich bei der Verschönerung unserer Hauptstadt verdient gemacht hatten.)

Das Bemerkenswerte, was ich nun herausgefunden hatte, war: Schraubte man so einen Kugelschreiber auseinander und nahm Mine und Feder heraus, ergab sich eine ideale Hohlform, in die der JONA-Wasserzuleitungsschlauch genau hineinpasste!

Die goldene Aufschrift «Berlin – Hauptstadt unserer Republik» hatte ich bei meinem ersten Versuch zwar ausgekratzt; später, als ich mit ATLANTIS in Serie ging, ließ ich sie einfach stehen.

Morgen für Morgen, wenn ich die Wohnung, meine Höhle, verließ, sah ich mir nun zum Verwechseln ähnlich: Anzug, Aktenkoffer, Augenaufschlag (angriffslustig!).

Vorher, im Bad, war dazu natürlich noch die tägliche Einübung, das Ritual vor dem Spiegel, notwendig. Ich sah mir tief und zuversichtlich in die Augen – ganz tief, ein intensiver Blickkontakt. Doch ehe ich haltlos im blauen Strudel versinken und mich an die dunklen Fragen verlieren konnte, die lauernd, Haifischen gleich, am Grunde meiner morgendlich trüben Bewusstseinsströme dahintrieben (Was wird das hier mit uns, Hinrich? Wo geht das mit uns hin?), machte ich, etwa zwanzigmal und in atemberaubender Folge, «Bla-blö-blu-bli» – die empfohlene Gesichtsmuskellockerungsgymnastikübung für den frühen Morgen, und sofort fühlte ich mich wieder fit und für mein Tagwerk gerüstet. Während ich frühstückte, gab es zur Einstimmung Verdi – und zwar: Aida!

Strüver war mit mir übereingekommen, dass zwischenzeitlich ich allein den Außendienst übernehmen sollte, während er verstärkt «konzeptionell» arbeiten wollte. Das hatte seine Ursache wahrscheinlich im schleppenden Absatz von JONA, obwohl Strüver wider besseres Wissen zu mir gesagt hatte, die Sache liefe ja jetzt allmählich von selbst, da müssten wir nicht mehr Drückerkolonne spielen. (Mein Kommentar dazu im Protokollbuch: «Dass ich nicht lache!»)

Strüvers neueste Idee, der er sich hingegeben hatte, war: die sonntäglich leeren Briefkästen für Werbeanschreiben zu nutzen! Gezielt, nicht etwa in jeden Kasten – und mit Überraschungseffekt: Sonntags rechnet niemand mit Post, da geht man konkurrenzlos an den Start. – Er saß also in seinem Hotelzimmer und klickerte tagsüber verschiedene Varianten in den Laptop, die er mir abends, wenn ich zur Lagebesprechung erschien, vorlas. Aber immer wieder fand er etwas zu verändern; ich nehme an, vor allem deshalb, weil er nicht so schnell wieder in den Außendienst zurück wollte.

Auch einen Teil der Kundenpost gab er mir zur Bearbeitung. Ich erinnere mich an eine Anfrage, ob man nicht im Auffangbecken von DIANA Zierfische halten könne? Ich wollte das unter Ulk verbuchen, aber Strüver meinte, hier könnte sich, obwohl das gegenwärtig wohl technisch noch nicht machbar sei, ein interessanter Schnittpunkt mit der, weiß Gott, relevanten Großgruppe der Aquarienbesitzer ergeben. – Er faxte einen entsprechenden Hinweis an die Zentrale.

Manchmal ärgerte es mich natürlich, wie Strüver den westlichen Experten hervorkehrte. In einem Kundenbrief aus Spandau war zum Beispiel die Frage gestellt worden: «Kann eine plötzlich aufgetretene ‹Incontinentia urinae› ursächlich mit der Aufstellung eines Zimmerspringbrunnens im Schlafbereich zusammenhängen?»

Unschlüssig hielt er den Brief in der Hand. «Na, das ist zu schwierig für uns», entschied er einfach für uns beide und schickte den Brief zur weiteren Bearbeitung an die Firma zurück. Ich wusste zwar auch nichts damit anzufangen – aber wenigstens hätte er mich ja mal fragen können! (Zu Hause schlug ich dann im Fremdwörterbuch nach und fand heraus: Es handelte sich da um die gewöhnliche Bettnässerei.)

Während Strüver also die Büroarbeit machte, zog ich beinahe täglich allein los. Strüver hatte mir den Firmen-Passat überlassen, im Kofferraum die Vorführmodelle. JONA, wie gesagt, ging nicht sehr gut. Er wurde, wenn überhaupt, mit humoristischem Interesse aufgenommen. Meist kam es aber nicht einmal dazu.

Abends, im Hotel, führten Strüver und ich dann immer noch lange Gespräche. Es fiel dabei gar nicht weiter auf, dass ich kaum etwas sagte, sondern nur gelegentlich nickte oder den Kopf schüttelte. Zu mehr war ich nach meinen Tagestouren auch kaum in der Lage.

Im Umfeld des Briefkastenprojekts galt Strüvers Hauptinteresse den Sitten und Gebräuchen der Ostdeutschen. Er zeigte sich sehr daran interessiert, alles mit diesem Thema in Zusammenhang Stehende in Erfahrung zu bringen. Er war froh, dass er die Ostdeutschen nun aus eigener Anschauung kennenlernte. «Der Ostdeutsche an und für sich …», so begannen seine diesbezüglichen Betrachtungen. (Eine gewisse Rolle mag dabei auch gespielt haben, dass Strüver «in seiner Sturm-und-Drang-Periode», wie er mir mal vertrauensvoll gestanden hatte, einige Semester lang Student der Politologie war.)

Sorgen bereitete ihm in dieser Zeit immer wieder die Frage, ob nicht die Fülle neuer, verlockender Angebote so etwas wie einen Kulturschock bewirkt haben könnte und wir dadurch, zumal bei der Eigenart unseres Produkts, nicht zwangsläufig ins Hintertreffen gerieten. Ein Zimmerspringbrunnen sei ja, unter uns gesprochen, nicht das allererste, was der Mensch brauchen könne.

Dass er sich schon bald dem Osten innerlich verbunden fühlte, merkte ich daran, wie er einmal, am Telefon, jemanden aus der Zentrale ziemlich scharf zurechtwies. Der Gesprächspartner am anderen Ende der Leitung hatte, wie mir Strüver, als er aufgelegt hatte, empört mitteilte, die Ostdeutschen mehrfach als «die beleidigten Zonendödels» bezeichnet.

Was ich Strüver übrigens sehr hoch anrechnen muss: immer, auch bei noch so miserabler Tagesbilanz, machte er mir Mut. «Sie wissen ja», sagte er, wenn er mich nach unserer Abendbesprechung zum Fahrstuhl brachte, «unser Motto heißt: Stetes Wasser ...»

Dann aber, ein Tag im Oktober, sonnig, kalt.

Ich kam gerade von einem niederschmetternden Hausbesuch, bei dem es beinahe zu Handgreiflichkeiten gekommen wäre. Ich hatte das Objekt vorzeitig, ja fluchtartig verlassen müssen.

Mir war elend.

Mit Strüver, mit der ganzen Welt haderte ich. Ich dachte, da mir im Moment nichts anderes einfiel, über den Sinn des Lebens nach. Mein Leben, dachte ich so bei mir, ist die Summe von Peinlichkeiten und Missverständnissen. Insofern, wie ich mir ingrimmig bestätigen musste, habe ich zweifellos ein ausgefülltes Leben!

Du musst deinen inneren Schweinehund bekämpfen, sagte ich mir – doch im nächsten Moment fragte ich mich: Warum muss ich ausgerechnet das bekämpfen, was vielleicht mein Bestes ist?

In der Einkaufspassage stand immer noch der Geigenspieler. Er begleitete eine Orchestermusik, die sich aus den Recorderlautsprechern über die fast leere Straße ergoss. Zwar hatte ich ihn auch schon auf dem Hinweg gesehen, doch erst jetzt, nach meinem Misserfolg (solange wir halbwegs zufrieden sind, sind wir ja blind!), erkannte ich ihn – als einen Kollegen, als einen Leidensgenossen. Ich wollte ihm also brüderlich eine Mark oder auch zwei in das aufgeklappte Geigenfutteral legen (nicht werfen!), da merkte ich, dass ich nur Scheine bei mir hatte. Das schien mir zu viel. Aber ich fand es auch unpassend, mir von einem Straßenmusiker das Restgeld herausgeben zu lassen, ich hatte so etwas jedenfalls noch nie gesehen. So ließ ich es also bleiben und nickte ihm nur, obwohl er die Augen beim Spiel geschlossen hielt, stumm zu.

Der Gedanke aber, dass ich dem Musiker durchaus, wenn ich es denn passend gehabt hätte, Geld gegeben hätte – dieser Gedanke vermochte mich an diesem kühlen Herbstnachmittag zu wärmen. Nur höhere Gewalt, respektive fehlendes Kleingeld, hatten es verhindert.

Unversehens war ich dadurch also wieder besserer Laune, und um diese seltene Gelegenheit zu nutzen, fasste ich den Entschluss, endlich auch einen entscheidenden Vorstoß in Sachen meines ATLANTIS-Modells zu wagen. Nach Lage der Dinge musste es, eher früher als später, ja doch zur großen, peinlichen Schlussabrechnung kommen – da wollte ich nicht zu allem Überfluss auch noch damit belastet sein.

Durch meinen Rauswurf hatte ich genügend Zeit gewonnen, ich ging zum Auto, schloss die Kofferraumhaube auf, klemmte den Autoschlüssel zwischen meine Zähne und entnahm dem Kofferraum ein komplettes JONA-Modell und den Karton, in dem sich mein ATLANTIS befand. Sonst hielt ich mich ja strikt an Weisung und ließ die Modelle erst mal im Auto. Aber wahrscheinlich hatte ich hier instinktiv einen goldrichtigen Griff getan. (Rückblickend muss ich feststellen: Sicher, es spricht manches dafür, zunächst lediglich den Aktenkoffer und die Prospekte bei sich zu führen und nicht gleich mit einem Schrankkoffer, 90 × 60 × 40 cm, vor der Kundentür zu stehen, das ist keinesfalls ein überzeugender Auftritt – andererseits gibt man nach Strüvers Methode kampflos und leichtfertig gewonnenen Boden preis, wenn man nämlich noch einmal zum Auto muss, um die Vorführmodelle zu holen. «Lassen Sie mal, das ist nicht nötig!» hört man dann und steht wieder vor der Tür. – Strüvers «Musterkoffermanie» jedenfalls, mit der er mich während langer Autofahrten endlos traktiert hatte, sollte sich in diesem Falle als völlig unbegründet erweisen!)

Die ältere Dame, die mir die Tür öffnete, meldete unverzüglich ins Innere der Wohnung: Jemand mit Paketen ist da!

Einen besseren Einstieg hätte man sich eigentlich gar nicht wünschen können. Sofort erschienen zwei Kinder. Sie wichen der Frau, ihrer «Omi», wie sich nun zweifelsfrei herausstellte, nicht von der Seite. Wahrscheinlich wollten sie beim Auspacken die Ersten sein. Schließlich, in gemessenem Abstand, folgten die Eltern.

Nun war also die gesamte Familie vollzählig vor mir angetreten. Angesichts einer solchen gegnerischen Übermacht – eine Horrorvision für jeden Vertreter! – wäre es eigentlich das Beste gewesen, unverzüglich die Flucht anzutreten. Aber, sei es, dass die Eltern ihre Kinder nicht enttäuschen wollten, oder auch, dass ihnen das Gedränge an der Wohnungstür und im engen Flur zu groß geworden war – wenig später fand ich mich am Wohnzimmertisch, sozusagen «im Kreise der Familie», wieder. Durch diesen schnellen, überraschenden Anfangserfolg irritiert, wollte ich zunächst jedes weitere Risiko vermeiden und wickelte JONA aus. Zugleich schob ich den ATLANTIS-Karton unauffällig mit der Fußspitze unter den Tisch.

Ich spulte fehlerfrei meinen JONA-Text herunter. Es gab die übliche Irritation, die «Schrecksekunde», wie ich es nenne.

Die Familie und der Walfisch betrachteten sich stumm.

Ganz offenkundig war es nicht gerade das, was man sich vorgestellt hatte. Auch für mich war dieser Moment immer wieder gefährlich. Diese kalt abschätzenden, zersetzenden Blicke waren ansteckend.

Entsprechend zaghaft fiel auch meine Frage aus, was man denn nun von einem Probelauf unter Wasser hielte? Sie blieb unbeantwortet, so wie sich jetzt überhaupt ratloses Schweigen breitmachte …

Da meldete sich, geisterhaft, eine Stimme – und zwar von unterm Tisch. Eines der Kinder war im Angesicht des Walfisches dorthin abgetaucht. «Auch auspacken», sagte die Stimme, und sie wiederholte es nach Kinderart so lange, bis ich nicht umhinkam, den fraglichen Karton heraufzuholen. Unschlüssig hielt ich ihn zwischen meinen Knien. «Auch auspacken!»

Ganz mechanisch öffneten meine kalten Finger den Karton. Ich sagte kein Wort. Im Übrigen, wenn es etwas zu sagen gab: ATLANTIS sprach für sich …

Oder, um es etwas wissenschaftlicher, im Vokabular der A.I.D.A.-Technik, zu beschreiben: das stumme Auspacken des Gerätes sorgte für den ersten A.I.D.A.-Schritt, A wie attention! Nun kam es darauf an, diese diffuse Aufmerksamkeit zu bündeln und in ein spezielles Interesse (I = interest) umzuwandeln. Das erfolgte in diesem Fall fast automatisch. Der Mann, ohne dass ich ihn erst hatte darum bitten müssen, holte von selbst Wasser. Ohne Zweifel, ein deutliches Indiz für vorhandenes Interesse.

Um es vorwegzunehmen: Keine drei Minuten später (ich habe

nicht auf die Uhr gesehen, es ging jedenfalls ungeheuer schnell) hatte auch Punkt D (desire = Kaufwunsch) feste Gestalt angenommen. Als ich nun den Mann bat, den Einschaltknopf zu drücken, und sich nach wenigen Sekunden langsam aus dem Wasser die Kupferplatte mit dem darauf befestigten Fernsehturm emporhob, war es still – doch es war eine feierliche, eine andächtige Stille! (Das abschließende A (= action), also das Unterschreiben des Kaufvertrages, war dann nur noch eine Formsache.)

Was war geschehen?

Mir dämmerte allmählich, dass die Intuition (oder was immer es sonst gewesen sein mag) mich damals, an jenem traurigen Abend mit dem defekten JONA, durchaus auf den richtigen Weg geleitet hatte, als sie mich in mühseliger Nachtarbeit ausgerechnet die Umrisse der DDR, meines untergegangenen Landes, aus der Kupferplatte heraussägen ließ. (Vielleicht war das damals auch nur aus einer Laune heraus geschehen oder, wie ich mich zu erinnern glaube, weil an einer Ecke der rechteckigen Kupferplatte ein Stück herausgebrochen war, so dass sich wie von selbst die DDR-Form ergab ... Wie auch immer, der Erfolg war überwältigend, und er gab mir nachträglich recht, ja, er gab dem scheinbar Zufälligen im Nachhinein die Aura einer insgeheimen Notwendigkeit.)

Die ältere Dame jedenfalls hatte feuchte Augen, als sie mir zum Abschied stumm die Hand drückte. Nur die Kinder schienen, vor die Wahl gestellt, dann doch lieber dem Walfisch den Vorrang geben zu wollen, worauf der Vater aber sagte: Das versteht ihr noch nicht.

Nein, das konnten sie noch nicht verstehen. Ich, offen gesagt, verstand es auch noch nicht ganz. Es schien wohl zu stimmen, was ich mal über die Künstler gelesen hatte: Sie verstehen oft ihre eigenen Werke nicht.

An diesem Tag sollte mein Siegeszug mit ATLANTIS beginnen.

Es würde sicher zu weit führen, wollte ich hier alle Stationen aufzählen. (In manchen Fällen bin ich sogar ausdrücklich um Diskretion gebeten worden!) Ich habe auch nicht genau Buch darüber führen können. Wann auch! Tagsüber hastete ich von Kunde zu Kunde – ich wurde ja auch weiterempfohlen; nachts aber saß ich in meinem Hobbyraum und frisierte, Stück für Stück, die JONA-Modelle um. Das war zeitaufwändig, denn mein Bestreben war es, ausschließlich Originale in die Welt zu geben. So kratzte ich etwa bei dem einen Modell Städtenamen in die Kupferplatte, zum Beispiel (und in voller Absicht) «Karl-Marx-Stadt» dort, wo sich heute Chemnitz befand, bei anderen Ausführungen wiederum beließ ich es bei der vulkanischen Ausgestaltung der Landschaft.

Der Erfolg, den ich mit ATLANTIS hatte, war mir unbegreiflich, ja, bisweilen auch unheimlich. Vielleicht lag das daran, dass ich so lange abgeschirmt von allem in meinem kleinen Hobbyraum vor mich hin vegetiert hatte und die große Welt draußen nicht mehr begriff? Zwar spürte auch ich manchmal, wenn ich an früher dachte, so etwas wie einen Phantomschmerz, aber …

Ich sah mir meine Kunden genau an. Natürlich, etliche betrachteten das als Kuriosum, als Partygag vielleicht. Die meisten aber behandelten ATLANTIS wie einen Kultgegenstand. Es waren regelrechte Altarecken, wo er landete; manchmal hatte ich den Eindruck, in einem Traditionskabinett gelandet zu sein. Ich wurde, wenn ich auf Empfehlung kam, als Gesinnungsgenosse begrüßt («Wir haben schon viel von dir gehört …»). Vor allem unter den Mitgliedern eines mir bis dahin unbekannt gebliebenen halblegalen «DDR-Heimatvertriebenen-Verbandes», der erstaunlich gut und straff organisiert war, gelangen mir spektakuläre Verkäufe – hier wurde ich von Mitglied zu Mitglied «weitergereicht». Einmal, es war eine Vollversammlung in einem alten, stillgelegten Kinosaal, bekam ich in der Pause, beim Solidaritätsbasar, sogar einen Verkaufstisch zugewiesen, zwischen den Spreewälder Senfgurken und FDJ-Hemden.

Wenn ich in den langen, einsamen Nachtstunden an meinen Kupferplatten herumsägte oder -feilte, ging mir vieles durch den Kopf. Nur Weniges davon habe ich im Protokollbuch festgehalten. Etwa: «Nächtliche Stille – Die andern im Haus schlafen. Sie schlafen den Schlaf der Ungerechten. Plötzlich habe ich die Vorstellung: Sie tun nur so, als schliefen sie. Dabei liegen alle, im Haus, in der ganzen Stadt, mit offenen Augen da. Ich öffne irgendeine Tür und sage: ‹Na, du alter Verstellungskünstler, du kannst wohl auch nicht schlafen, wie?› Und aus dem Dunkel antwortet es laut und deutlich: ‹Ja!›»

Oder, unter dem Datum eines anderen Tages: «Heute vormittag, die große Runde mit Freitag. Kamen an dem Kindergarten (jetzt ‹Kindertagesstätte›, kurz ‹KiTa›) Ecke Krumlohstraße vorbei. Durchs offene Fenster Kindergesang: ‹Wenn Mutti früh zur Arbeit geht, dann bleibe ich zu Haus …›

Musste sehr an mich halten, zerrte Freitag unbarmherzig an kurzer Leine weiter. Aufjaulen. Plötzliche, sehr starke Erregung.»

In der Nacht darauf heißt es: «Freiheitsstrafe oder Gefängnisstrafe – was ist schlimmer?» –

Wenn ich über den Erfolg von ATLANTIS nachdachte, fiel mir immer wieder die alte Dame ein, einer meiner ersten Kundenbesuche – in Dahlem.

Ihre WALDEINSAMKEIT hatte einen elektrischen Wackelkontakt. Ich konnte das an Ort und Stelle beheben. Sie war sehr dankbar, gab mir ein Trinkgeld. Auch ich war froh, mein letzter Termin an diesem Tag, danach ging es nach Hause.

Wo ich denn wohne, wollte die Frau wissen.

Ich sagte es.

«Ach, Sie sind von drüben? Das hätte ich nicht gedacht.»

Ihre Blicke gingen ungeniert an mir herunter.

Ich merkte, wie ich rot wurde.

Zu ihrer Beruhigung hätte ich jetzt am liebsten die Zähne gefletscht und die Augen gerollt, ließ es dann aber bleiben. Erst draußen, als ich vor der Villa stand, sah ich beschämt an mir herunter. Meine brombeerfarbene Hose – die Tarnkleidung, ich hätte sie ihr über den Zaun schleudern mögen!

Ich versuchte, die Sache zu vergessen. Aber später, als ich auf der Stadtautobahn im Stau stand, merkte ich, wie ich die ganze Zeit im Innenrückspiegel mein Gesicht nach Hinweisen abgesucht hatte.

Einmal in dieser Zeit rief ich bei Julia an. Es war ein Brief von ihrer Bank gekommen. «Falls unzustellbar, bitte an den Absender zurück!» war aufgedruckt. Ich wählte, durch diesen Aufdruck gewissermaßen legitimiert, die Nummer.

Am Apparat war Conny. Ich sagte: Ich habe eine wichtige Nachricht für Julia. Sie fragte, ob sie etwas ausrichten könne, ob ich es ihr nicht am Telefon sagen könne? Nein, sagte ich, es ist ein Brief. Conny lachte kurz auf. Sie fragte, von wem denn der Brief sei? Etwa von Julias «Stoffhasen»? Wieder Lachen, diesmal richtig frech.

Ich wollte etwas sagen, schwieg aber entrüstet.

Mein Schweigen missverstand Conny nun als Einladung, mir endlich einmal ihre Meinung zu sagen. Ihre Meinung lässt sich etwa folgendermaßen zusammenfassen: 1. Ich könnte überhaupt nicht begreifen, wie sehr Julia unter der Trennung litte. 2. Selbst jetzt, wo ich sie «aus der Wohnung getrieben» (?) hätte, mache Julia sich Sorgen um mich. Er (das heißt: ich), so sage Julia immer wieder, müsse endlich zu sich kommen, zu sich selbst finden.

Ich schwieg – und zwar angesichts dieser Neuigkeiten doch einigermaßen verblüfft. (Bisher, fand ich, waren meine Selbstfindungsaktivitäten ja nicht unbedingt auf solch einhellige Zustimmung gestoßen.)

«Was ist nun?» – Ich wollte dem Gespräch wieder eine dienstliche Note geben und auf den Brief überleiten. Außerdem war ich enttäuscht, nein: ich war unendlich traurig darüber, dass diese Chance einer Kontaktaufnahme mit Julia vertan war. Ich weiß nicht, ob Conny etwas in der Art «zerknirschter Ehemann» von mir erwartet hatte – aber darauf hatte sie ja nun wirklich am allerwenigsten Anspruch! Sie quittierte jedenfalls den kühlsachlichen Ton meiner Frage ihrerseits mit der Feststellung, ich hätte Julia nicht verdient. Ja, sagte ich – nein, dachte ich: Das habe ich nicht verdient! Conny erwiderte darauf etwas …

Da kam Freitag. Wahrscheinlich wollte er wissen, mit wem ich so lange telefonierte. Ich knurrte zwischen meinen Zähnen hindurch ein knappes «Ruhig!» – das kam kurz und militärisch, auf einer Silbe, wie ein «Husch!» Freitag parierte sofort, aufs Wort!, und zog ab.

Inzwischen hatte Conny aber aufgelegt.

Ich überlegte, ob ich noch mal anrufen sollte, um wenigstens schöne Grüße an Julia ausrichten zu lassen. Das war mir aber zu wenig. Eine Frau verlässt ihren Mann (bleiben wir doch bei den Tatsachen) – und er? Er lässt ihr schöne Grüße bestellen. Da überlegte ich, dass ich vielleicht Julia übermitteln lassen sollte, ich wünschte, es wäre alles so wie früher. Ich hatte schon den Hörer wieder in der Hand, da dachte ich, es wäre doch besser, ich würde sagen: Alles soll anders werden.

Zwischen diesen beiden Varianten konnte ich mich aber schlecht entscheiden. Ich lief durch die Wohnung wie durch einen Käfig. (Freitag – immer hinter mir her. Er hielt das wahrscheinlich für ein neues Spiel. Oder für Gassi-Ersatz.) Mehrmals ging ich am Telefon vorbei und prüfte, ob der Hörer auch richtig auflag. Aber nur ganz kurz, damit nicht zu lange besetzt war. Insgeheim hoffte ich nämlich, Julia würde zurückrufen. Als sie sich aber auch am nächsten Tag nicht gemeldet hatte, steckte ich den Brief in ein großes Kuvert und schickte ihn an die Bank zurück, mit dem Vermerk «Adressatin z. Z. unerreichbar!»

Dabei, ich wäre damals sogar bereit gewesen, Julia unter Umständen ihren Hugelmann zu verzeihen, oder, wie ich diesen Herrn ihr gegenüber immer nannte: «Deine Verirrung!» (Originalton Julia dazu, laut Protokollbuch: «Herr Hugelmann ist nicht meine Verirrung, sondern mein Ressortleiter!» – Nun gut, darüber konnte man unterschiedlicher Meinung sein.)

Der Großmut, den ich empfand, als ich zu verzeihen und zu vergessen bereit war, erstickte mir zwar die Stimme und trieb mir Tränen der Rührung in die Augen – aber Tatsache war, seit auch ich wieder zu tun hatte, war Hugelmann auf ein erträgliches Normalmaß geschrumpft, kein Übermensch mehr, nein, nur ein tätiges Glied (besser: Mitglied) der Gesellschaft – wie auch ich. Oder eben, wie schon oben angedeutet: eine ganz normale Verirrung.

Aber, mein Großmut war ja nicht gefragt!

Dafür war ich, Gott sei Dank, fest im Griff der Arbeit, die jeden anderen Gedanken vertrieb. Ich kann mich übrigens nicht entsinnen, jemals so hart wie damals gearbeitet zu haben. Selbst nicht in meiner KWV-Zeit, obwohl ich da manchmal, insbesondere im Vorfeld von Volkskammerwahlen oder anderen Feiertagen, rund um die Uhr im Einsatz war.

Als ich eines Tages, es war ein Freitagnachmittag, zu Strüver ins Hotel marschierte, um ihm die Wochenbilanz vorzulegen (es waren auch wieder Nachbestellungen erforderlich geworden), standen ein Blumenstrauß und ein Champagnerkübel auf dem Tisch. Ich dachte zuerst, dass ich mich in der Zeit geirrt hätte, und wollte schon so tun, als wäre ich aus Versehen ins falsche Zimmer gegangen, und mich diskret zurückziehen – aber Strüver zog mich ins Zimmer. Auf dem flachen Tisch stand der aufgeklappte Laptop. «Schauen Sie mal», sagte Strüver. Ich vertiefte mich in das bunte Computerbild. Strüver hatte die Erfolgsbilanz der letzten Wochen eindrucksvoll in einer Grafik dargestellt. «Na endlich», sagte er, «endlich, jetzt ist der Knoten geplatzt. Ich wusste es …»

Was Strüver zu diesem Zeitpunkt natürlich nicht wusste, nicht einmal ahnen konnte (denn ich hatte mich einfach noch nicht getraut, es ihm zu sagen – wie auch?): Die Erfolgsbilanz ging ausschließlich auf das Konto von ATLANTIS.

Um genau zu sein: *fast* ausschließlich. *Einige* Ausnahmen gab es. Zum Beispiel, und wider Erwarten, bei meinem Zahnarzt.

Zum Schein hatte ich mich bei ihm für eine Durchsicht angemeldet und diese auch, einschließlich einer kleinen Bohrung, anstandslos über mich ergehen lassen. Das war sozusagen meine Vorleistung. Als wir damit fertig waren, verwickelte ich Dr. Pagel in ein Gespräch über die allgemeine Lage, die Geschäftslage – und wie schön es doch wäre, wenn sein Warteraum gewissermaßen zu einem Anziehungspunkt, zu einem Magneten für alle potentiellen Patienten unseres Viertels würde. Etwas verwundert schaute er mich an. Der Blick eines Arztes auf seinen Patienten. Daraufhin präsentierte ich ihm ATLANTIS. Er kniff abwehrend die Augen zusammen und sagte: «Aber, Herr Lobek ...»

Alles klar, sagte ich, alles klar, kein Problem – und schob sofort JONA nach.

«Na, weil Sie es sind ...», sagte er schließlich mit einem bekümmerten Blick über den Brillenrand, er hätte sowieso schon viel zu viele Geräte bei sich herumstehen; ich erinnerte mich dunkel daran, ihm vor Jahren mal einen Gasdurchlauferhitzer aus einem Sonderkontingent besorgt zu haben. Außer einem JONA-Modell (inklusive Service-Vertrag) nahm er mir noch das Versprechen ab, von nun an wieder regelmäßig, einmal im Jahr, zur Kontrolle zu kommen. –

Inzwischen hatte Strüver die Champagnerflasche geöffnet und zwei Gläser gefüllt. Er reichte mir ein Glas, nahm sich das andere und sagte: «Übrigens – ich bin der Uwe.»

Das macht doch nichts, wollte ich sagen – doch da prostete er mir schon zu, und ich sagte nur leise «Hinrich» und spülte auch das gleich wieder mit einem Schluck herunter.

Dann lächelten wir uns an.

Er war, sah man genau hin, mindestens zehn, fünfzehn Jahre jünger als ich. Insofern hätte eigentlich ich ihm das Du anbieten müssen. Aber schließlich, er war der Westmensch; da hatte er bei mir wahrscheinlich gleich automatisch ein paar Jährchen von den 40 Jahren DDR-Leben abgezogen, denn richtig gelebt hatten wir ja nicht. Immer wieder, wenn wir gemeinsam unterwegs waren, besonders auch bei Überlandfahrten, hatte er mitfühlend den Kopf geschüttelt. Zitat nach Protokollbuch: «Das war ja kein Leben bei euch! Die Zeitungen waren keine Zeitungen. Die Wahlen waren keine Wahlen. Die Straßen keine Straßen. Nicht mal die Autos waren Autos.»

Innerlich musste ich ihm in allen Punkten recht geben. Aber, was zum Kuckuck war es dann, was wir die ganze Zeit getrieben hatten? Wer weiß. Man muss es schon selbst erlebt haben, um es nicht zu verstehen …

«Hinrich, ich würde gern mal deine Gedanken lesen.»

Ich winkte ab.

«Weißt du, manchmal bist du wirklich von abgrundtiefer Bescheidenheit.»

Er kam dann darauf zu sprechen, dass «der Alte» große Stücke auf mich hielte. In letzter Zeit hätte es etliche dankbare Kundenbriefe an die Firma gegeben. «Aber warte mal ab, wenn ich erst mal Vertriebsleiter Ost bin, dann mache ich dich zum Stellvertreter und wir ziehen die Sache ganz groß auf. Deine alten Verbindungen scheinen ja wirklich Gold wert zu sein!»

Dann wollte er plötzlich wissen, wie ich eigentlich an die Kundenlisten herangekommen sei? Ihm sei es eigentlich egal, aber …

«Von meiner alten Firma», sagte ich verwundert.

«Aha», sagte er, «von der Firma.» Er nickte.

Dann schenkte er uns beiden nach und begann nun plötzlich von der Staatssicherheit zu sprechen. (Wahrscheinlich hatte er schon vorher etwas getrunken; er wechselte jetzt jedenfalls sehr abrupt von einem Thema zum anderen.) «Ja, Gott, Stasimitarbeit! Also, wenn du mich fragst: Wenn einer das Zeug dazu hatte, Menschenskind, warum denn nicht!»

Er sah mich forschend an. «Aber sagen, sagen sollte er es dann schon mal, nicht wahr? Wenigstens seinen Kollegen.»

Das fand ich auch; ich nickte ihm zu. Er sah aber woandershin.

«Uwe», sagte ich, nachdem ich mein Glas ausgetrunken hatte …

«Ja?»

«Ich muss jetzt.»

«Ach so, deine Frau, sie wartet wohl?»

«Ja, sie wartet wohl.»

«Schon lange?»

«Schon sehr, sehr lange …»

Strüvers Blick war voller Anteilnahme.

«Na dann, Hinrich, ich will dich nicht aufhalten.»

Ich musste noch den Wochenendeinkauf machen. Der Gang in die Kaufhalle fiel mir übrigens zunehmend schwerer, ich schob ihn immer bis zum letzten Moment vor mir her. Für sich selbst einzukaufen ist eine verdammt traurige Sache.

Außerdem: in was für einem Staate leben wir denn! Das fuhr mir wütend durch den Sinn, als ich in meinem Portemonnaie, wie schon so oft, ergebnislos nach einem Markstück fahndete. Wo leben wir denn? Wer klaut denn hier immer Einkaufswagen? Kopfschüttelnd zog ich mit dem Wagen, den ich schließlich für zwei Fünfzigpfennigstücke ausgelöst hatte, die Runde. Am Ende der Kassenschlange angelangt, ruhte mein Blick wieder schwer und sorgenvoll auf dem Innern des Wagens. Für alle Welt sichtbar, lagen dort die Beweisstücke meiner allmählichen Verwahrlosung aus: ein Dutzend Bierbüchsen, ein Glas mit Wienern, ein Glas Senf, ein Stück Butter, ein Weißbrot, eine Flasche Wodka, Zigaretten. Ich stierte in den Wagen. Die Vorstellung, dass ich das alles in den nächsten Tagen vertilgen sollte, würgte mich. Am liebsten hätte ich den Wagen in eine Ecke geschoben und dort stehen lassen.

Die einzig erfreulichen Farbtupfer in meinem Einkaufswagen waren die bunten Büchsen mit dem Hundefutter; ein deutlich sichtbarer Hinweis darauf, dass es auf der Welt noch jemanden gab, für den ich zu sorgen hatte. (Außerdem Strüvers Blumenstrauß, der wie ein Fremdkörper unter meinem Arm klemmte.)

«Schönen Gruß von Uwe», sagte ich zu Freitag, als ich zu Hause im Flur stand. Freitag schnupperte neugierig an den Blumen, dann rieb er seine feuchte, blütenbestäubte Hundeschnauze an meinem Hosenbein ab; ich putzte mir gerührt die Nase. Es war kalt geworden.

Kleinkram und Ahnungen

«Neueröffnung Studio Manuela» – das hatte ich einige Wochen später bei meiner morgendlichen Zeitungsschau gelesen und es sofort lila, das war meine Signalfarbe für erste und letzte Versuche, angestrichen. In einer physiotherapeutischen Massagepraxis, fand ich, war unter Umständen auch JONA wieder einsatzfähig und am Platze. Deswegen vor allem war ich so hellhörig geworden, denn in meiner ATLANTIS-Produktion hatte ich erhebliche Planrückstände und lag weit, weit hinter den Bestellungen zurück!

Ich startete also einen Versuch, und schon beim zweiten Mal hatte ich Glück. Es meldete sich eine dunkle, tiefe Stimme, Baßbereich. Ich erläuterte kurz mein Ansinnen, Zimmerspringbrunnen, pipapo. Die Stimme ging gar nicht weiter darauf ein, sie wollte nur wissen, ob ich auf Empfehlung käme. Ja, log ich, denn ich wollte nicht sagen, dass ich die Nummer nur zufällig aus dem Inseratenteil gefischt hatte.

Wir vereinbarten einen Termin, das ging alles sehr unkompliziert. Ich sagte noch, um nun auch meinerseits Entgegenkommen zu zeigen: länger als eine halbe Stunde würde es kaum dauern, worauf die Stimme erwiderte: eine Stunde, ungefähr, würde sie für mich schon einplanen. Davon war ich angenehm überrascht; sonst musste man ja um jede Minute feilschen.

Der Termin war abends, 19 Uhr. Es war eine Adresse in der Innenstadt. Ich schaffte es knapp. Tagsüber war ich in Jüterbog und Zossen gewesen. Dort hatte ich übrigens vollständig meinen aktuellen ATLANTIS-Vorrat absetzen können. An einer Frittenbude kaufte ich mir noch schnell eine Tüte Pommes mit Mayo – aber auch mit schlechtem Gewissen: Freitag wartete sicher schon zu Hause auf mich. Ich wischte mir mit einem Papiertaschentuch entschlossen Mund und Hände ab, nahm einen JONA-Karton aus dem Kofferraum und schritt gedankenvoll auf die Hausnummer 24 zu. Dort angelangt, zögerte ich, ich dachte schon, weil draußen kein Schild angebracht war, ich hätte mich in der Adresse geirrt. Aber unten, Parterre rechts, fand ich es dann doch: ein kleines ovales Schildchen – «Studio Manuela». Ich atmete tief durch, überprüfte noch einmal, ob ich mich auch nicht mit Mayonnaise bekleckert hatte, bestimmte Stand- und Spielbein, platzierte den Karton möglichst unaufdringlich in meiner rechten Armbeuge – und klingelte.

Es war nicht eigentlich ein Klingeln, was ich da ausgelöst hatte. Eher waren es außerirdische Technoklänge, zwar gedämpft und wie aus großer Ferne, doch bedrohlich schräg.

Die Tür tat sich auf: Frau Manuela. (Ich glaube, es war, wenn man das so sagen kann, ein Künstlername! Ich begehe deshalb mit dieser Nennung keine Indiskretion. Der bürgerliche Name dieser Person ist mir im Übrigen unbekannt.)

Frau Manuela also. Sie sah mich an.

Unwillkürlich wurde ich davon etwas kleiner. Auch hatte sie meinen Zierkarton mit solch einem Blick bedacht, dass ich es spontan für angeraten hielt, ihn ein Stück weiter hinter meinen Rücken zu bugsieren, meinen Körper gleichsam als vorläufiges Schutzschild zwischen ihn und die Dame schiebend.

«Bitte, kommen Sie doch herein», bedeutete Frau Manuela mir nun, und zwar mit der bekannten dunklen Stimme, die aber, offen gestanden, auf telefonische Distanz weitaus anheimelnder geklungen hatte.

Ich drückte mich an Frau Manuela, die den Türrahmen, wie ich jetzt sah, überaus beträchtlich ausfüllte, vorbei – und stand im Flur. Mein Gott! Mein Mund stand offen: Die Flurausgestaltung entsprach exakt dem, was ich vom Raumschiff Enterprise her kannte …

Frau Manuela schloss die Tür, im selben Moment zog sie mit einem Ruck (dessen Geräusch mir noch jetzt, noch heute im Ohr reißt) den Gürtel, der ihren Umhang oder Bademantel oder was es sonst war, zusammenhielt, auf: nackte Hautpartien, von zerrissenen Uniformteilen drapiert, drängten ans bläuliche, kaltflimmernde Licht. An einer der lila und spitz aufragenden Brustwarzen war ein zackiger Orden befestigt. Die straff sitzenden Überkniestiefel glänzten höllisch schwarz. Und auch sonst … auch sonst …

O ja, ohne Frage, sofort wusste ich natürlich Bescheid, was hier gespielt wurde. Ich lächelte wohl auch verlegen oder versuchte es, den Umständen entsprechend, zumindest; im Rahmen eines klärenden, sachlichen Gespräches wollte ich nun rasch das Missverständnis, das uns zusammengeführt hatte, ausräumen …

Ich will jetzt nicht davon erzählen, wie mich, ehe ich überhaupt ein einziges Wort hervorbringen konnte, aus dem Handgelenk dieser Person ein Peitschenhieb traf; darauf, trotz meines Protestes, ein zweiter, noch viel schärferer – und zwar mit der Erklärung versehen: «Das brauchst du, ja, nicht wahr, das tut dir gut»; wie ich mich irrsinnigerweise an meinem Karton festklammerte, um den ich aus irgendwelchen Gründen am meisten fürchtete; wie er mir mit der abenteuerlichen Behauptung «Was haben wir denn da für eine kleine süße Sauerei?» entrissen werden sollte; wie ich es aber nicht zuließ und ihn, als gelte es mein Leben, verteidigte. Wie ich, wohl nicht ganz zu Unrecht, immer wieder «Das ist ja die Höhe!» ausrief. Wie mein erbitterter Widerstand Frau Manuela aber nur zu neuen Taten anstachelte! Kein Sterbenswort auch von den anderen Strafmaßnahmen, die durch mein «Nein» und «Lassen Sie mich doch endlich!» nur angefeuert wurden, so dass ich zeitweise jeden Widerstand aufgab und, ganz schwach auf einmal, alles stöhnend über mich ergehen ließ. Wie ich ihre plötzliche Frage, ob es mir denn nicht gefallen würde, trotzig unbeantwortet ließ. Wie schließlich die in höchster Not mir eingekommenen Worte «Gewerbeaufsicht» und «Polizei holen» Frau Manuela zum Stillstand und zur kurzzeitigen Besinnung brachten.

Eine Verschnaufpause, die ich umgehend zur längst überfälligen Klarstellung meiner Anwesenheit nutzte.

Wie sie sich den Mantel sofort wieder umschlang und wir uns schwer atmend und ratlos gegenüberstanden – eine, wie sie versicherte, noch nie dagewesene Situation, und: das sei ihr aber unglaublich peinlich. Wie sie auf einmal lachen musste, ich aber gar nicht.

Wie sie dann wieder ernst wurde: Ein Teil der Leistung war schließlich erbracht ... Ja, zweifelsohne! Wie ich, um dem Ganzen nur ein Ende zu machen, 100 Mark (ein Viertel meiner Jüterbog-Einnahmen!) aus der Brieftasche riss. Wie ihr plötzlich Zweifel kamen, ob das nicht alles bloß ein Trick gewesen sei – und ich ihr darauf nur einen Vogel zeigen konnte. Wie ich endlich, heilfroh, aus dem Zimmer schritt ...

Auf Socken! Was ich allerdings erst im Flur merkte. Worauf ich also, immer noch auf Socken, zurückging und Frau Manuela meine Schuhe abnahm, die sie mir gerade hatte hinterhertragen wollen.

Wie ich dann schwer keuchend am Auto stand, den Kopf aufs kalte, regennasse Blechdach drückte und nicht wusste, wie ich Freitag heute Abend in die Augen sehen sollte ... Das Anlegen einer Hundeleine immerhin – das hatte ich, obwohl es mir mehrfach nahegelegt worden war, standhaft und knurrend (denn ich war ja zwischenzeitlich auch noch geknebelt worden!) abgewehrt.

Nachgetragenes dazu, freilich in zittriger Handschrift, im Protokollbuch unter dem Datum desselben Tages. Aufgeschrieben nachts; ich saß in Unterhosen auf dem kühlenden Wannenrand, das Protokollbuch lag auf der Waschmaschine. Ich hatte mir weißen Wundstreupuder über den geschundenen Rücken gestreuselt und ließ es wirken: «Bin zwar allen erdenklichen Abartigkeiten von ganzem Herzen aufgeschlossen und darf von mir sagen: ich bin ein moderner Mensch – aber: dass man nach Lust & Laune für nichts und wieder nichts (beziehungsweise für 100 Mark = ein Viertel der Jüterbog-Einnahmen) hemmungslos verkloppt wird – das will mir nicht in den Kopf. NEIN DANKE! NICHT MIT MIR! – Klappe zu, Affe tot.»

In dieser Nacht fehlte mir Julia sehr.

Am nächsten Morgen – der langsam erwachende Körper erinnerte sich bruchstückhaft der ihm zugefügten Streiche, der erlittenen Pein. Auch ich kam langsam wieder zu mir, obwohl ich im Moment nicht genau wusste, wohin das eigentlich war …

Als ich schließlich Körper und Geist wieder halbwegs zusammen hatte und meine sieben Sinne notdürftig sortiert, wusste ich: Ich kann heute nicht aufstehen. Vor Schmerzen hielt ich es kaum aus in meiner Haut. Nur einmal, ganz kurz, lüpfte ich die Bettdecke und warf einen Abschiedsblick auf meine lebenden Überreste. Dann sank ich wieder stöhnend ins Kissen zurück.

Ich blieb, obwohl mir auch das Liegen weh tat, bis Mittag im Bett. Der einzige Gedanke, zu dem ich fähig war und um den alles, auch ich!, kreiste: alles hinschmeißen, Schluss. Schlussaus.

Es ningelte das Telefon, denn Klingeln konnte man das nicht nennen. Lieber Gott! Lass das jetzt bitte, bitte nicht Julia sein. Aber sicher war es ja Strüver …

Es war Boldinger. Der Chef. Selbst.

Ich richtete mich im Bett auf.

Er sagte mir, dass er ganz außerordentlich froh über meine Arbeit sei und dass er ganz außerordentliche Sachen über mich gehört habe. «Kollege Strüver hat ja wahre Wunderdinge über Sie berichtet … Nur immer weiter so! Der Blick geht nach vorn, nicht zurück in die vielleicht auch dunkle Vergangenheit, Herr Lobek, immer nach vorn.»

Ob ich verstünde, wie er das meinte? Ob ich das *wirklich* verstünde …

«Ja», doch so schwierig war das ja nicht.

«Schön», sagte er, «sehr schön. Und dann ist es auch nicht ausgeschlossen, dass demnächst der Vertriebsleiter Ost (er ließ eine kleine Pause) … Hinrich Lobek heißt.»

«Nein», sagte ich.

«Ja», sagte er.

Ich stöhnte.

«Natürlich», sagte er, «so etwas will gründlich überlegt sein. Das bringt ja gewisse Veränderungen, auch familiäre Belastungen mit sich. Am besten, Sie besprechen das heute Abend mal in aller Ruhe mit Ihrer Frau.»

«Mh, ja», antwortete ich, «heute Abend, das wäre nicht schlecht, ein guter Einfall, das würde passen, ja.»

«Sehen Sie», sagte Boldinger nun lachend, «allmählich freunden Sie sich schon mit dem Gedanken an, nicht wahr. – Übrigens, ich verstehe Sie ja besser, viel besser, als Sie sich das vorstellen können. Sagen Sie mal, wissen Sie eigentlich, Herr Lobek, wo ich geboren bin?»

(Jetzt wurde er auch noch persönlich!)

Nein, wusste ich nicht. Tippte aber, da er mich schon so fragte, auf Exotisches: Rio vielleicht? Schanghai? Oder Riga?

«Pirna», hauchte Boldinger in die Leitung. «Ich komme nämlich auch von drüben.»

Ich staunte.

Ganz vorsichtig brachte ich mich wieder in die Rückenlage, denn Boldinger erzählte mir nun, während ich geräuscharm meine Blessuren versorgte, die Geschichte des Boldinger Firmenimperiums.

Es begann mit Josef Boldinger, Duftwasserhersteller und königlich-sächsischer Hoflieferant, der 1887, infolge glücklicher Heirat, Anteile der Sebnitzer Kunstblumenmanufakturen erwerben konnte. Das Kunstblumengeschäft in der Gründerzeit blühte. Auch Anfang des Jahrhunderts. Sogar in den zwanziger Jahren, während der Weltwirtschaftskrise, kam es kaum zu Einbrüchen. Immer, über allen Unternehmungen, stand das Motto des nunmehr alleinigen, leider 1931 plötzlich verstorbenen Besitzers, Josef Boldinger: «Unsre Blumen blühn zeitlebens grün!» Dann aber doch der Zusammenbruch, 45. Flucht in die Westzone, dort knapp einem Kriegsverbrecherprozess entronnen; der Neubeginn. Ganz mühsam, ganz primitiv, in einem ausgebombten Lokschuppen. «Mensch, das waren Jahre. Es war eine schwere, aber auch eine verdammt schöne Zeit.» Damals dann auch schon die ersten Experimente mit Zimmerspringbrunnen. Die stehen heute noch, in Ohio, in Texas – eines der beliebtesten Souvenire aus Germany, kistenweise von den Besatzern mitgenommen. «Was uns das damals bedeutet hat! Unsere Springbrunnen – weltweit! Wissen Sie, Lobek, der Strüver zum Beispiel, der versteht das schon gar nicht mehr, wie das damals war. Kann er wahrscheinlich auch gar nicht. Aber Sie –», plötzlich wandte er sich wieder ganz direkt an mich, «was Sie und Ihre Landsleute jetzt, jetzt in diesem Moment durchmachen, der Zusammenbruch und das alles, das muss doch auch weh tun – das verstehe ich sehr, sehr gut, Herr Lobek, das sollen Sie immer wissen.»

Es entstand eine kleine feierliche Pause, ich hatte die Augen geschlossen. Auch das bloße Zuhören strengte mich an.

«Na», schloss er, durch das Erzählen jetzt richtig beschwingt, aber auch ergriffen, «gehen wir an die Arbeit! – Wie sagt uns doch der Dichter: ‹Gott versah euch mit zwei Händen, dass sie doppelt Gutes spenden!› – Übrigens, sagen Sie mal noch nichts zu Strüver, mit dem muss ich noch selber sprechen.» Ein abschließender Seufzer, dann war das Gespräch zu Ende.

Strüver – – – das hätte er jetzt nicht sagen sollen! Da sank ich, obwohl ich schon lag, restlos in mich zusammen. Nur mit Mühe konnte ich den Hörer auflegen. Die Körperqualen hatten ihre Arbeit getan – jetzt war die Seele an der Reihe, meine Seele … Nein, ich hatte kein schlechtes Gewissen – überhaupt gar kein Gewissen hatte ich, das war es!

O Uwe, du ahnungsloser Knabe! Du legst beim Chef ein gutes Wort für mich ein, erzählst, wie man hört, gar «Wunderdinge» über mich. Und ich, undankbarstes Geschöpf weit und breit, bringe es nicht mal fertig, deine hübschen, ja doch, hübschen Walfische unter die Menschen zu bringen, bringe es nicht mal fertig, dir die Wahrheit zu sagen. Und nun sollte ich – das war der Dank! – auch noch Vertriebsleiter werden!

Ich warf mich im Bett hin und her oder wollte es zumindest, doch das tat weh; also stand ich auf, warf mir den Bademantel über, schlurfte hinaus. Stand trostlos am Küchenfenster und sah durch die Scheibe auf die trostlose Neubaulandschaft draußen – grau in grau, seit dem frühen Morgen regnete es eigensinnig. Sogar der Himmel zog heute über mich her.

Gerade in den letzten Wochen hatte sich Strüvers Verhältnis zu mir so grundlegend verändert! Uwe, wie ich Herrn Strüver ja seit kurzem nennen sollte, war sehr aufmerksam, richtig nett, mir gegenüber.

Wenn es früher manchmal vorgekommen war, dass er einfach gesagt hatte: So und so machen wir das – fragte er mich jetzt immer vorher, achtete auf jede noch so kleine Äußerung von mir, jeder Nebensatz von mir schien ihm wichtig und von außerordentlicher Bedeutung zu sein. Ich war, gerade auch wegen der Trennung, sehr empfänglich dafür und – genoss es!

Es ist, glaube ich, nicht übertrieben, wenn ich von gegenseitiger Zuneigung spreche.

Natürlich, es gab bisweilen auch Unstimmigkeiten. Wo bleibt das aus? Einmal, ein verkaufsoffener Donnerstagabend, wir waren an einem vorweihnachtlich geschmückten Buchladen vorbeigekommen, verwunderte sich Strüver darüber, dass im Schaufenster so zahlreich Memoirenbände aufgebaut waren. So viel, wie da geschrieben stand, meinte er, könne ja niemals wirklich und mit rechten Dingen erlebt worden sein.

Wir gingen, jeder mit seinen Gedanken beschäftigt, weiter. Ich für meinen Teil zum Beispiel dachte: Na ja.

Plötzlich hielt Strüver inne: «Höchstens, wenn einer ein Doppelleben führt – der hat doch sicher Stoff genug! Sogar für zwei Bände!»

Wir mussten lachen.

«Oder auch nicht!» wollte ich feixend noch einen draufsetzen. Da hörte Strüver von einem Moment zum anderen plötzlich auf zu lachen und nickte mir tieftraurig zu. Mir schien, er hatte etwas vor mir zu verbergen, ein Geheimnis, das ihn bedrückte. Doch ich wollte nicht nachforschen, unsere Freundschaft nicht aufs Spiel setzen, obwohl ich schon da die dunkle Ahnung hatte, dass es auch mich betreffen könnte.

Wenig später sollte ich es, höchst unfreiwillig, ohnehin erfahren …

In dieser Zeit hatte Strüver nämlich begonnen, sich sehr auffällig für mein Privatleben zu interessieren. Zuerst fand ich nichts weiter dabei. Im Gegenteil, so viel Aufmerksamkeit und Anteilnahme – das war ich gar nicht mehr gewöhnt; das tat mir gut. Zwar umging ich es immer wieder geschickt, die längst fällige Einladung zu uns nach Hause auszusprechen (was hätte das wohl werden sollen!), andererseits tat er mir natürlich auch leid, dass er dauernd da in diesem Hotel herumlungern musste.

Seine fortgesetzten Erkundigungen nach meinem Zuhause, nach meiner Familie, meiner Frau (!) hätten mich selbstverständlich misstrauisch machen müssen ...

In einem schwachen Moment – ich glaube, wir sprachen gerade darüber, dass die selbstgebastelten Weihnachtsgeschenke bei weitem alle gekauften überträfen – gestand ich ihm aus einem plötzlich erwachten Mitteilungsbedürfnis heraus meine stille Leidenschaft – die Laubsägearbeiten.

Das hätte ich nicht tun sollen! Daran hakte er sich fest. Er selbst, so behauptete er nun von sich, sei ein fanatischer Bastler. (Ich füge schon hier ein: Das entsprach keineswegs den Tatsachen!) Sobald sich Gelegenheit dazu ergab, aber auch sonst, kam er darauf zurück, als gäbe es für ihn kein anderes Thema mehr auf der Welt: Er gab sich den Anschein, davon geradezu besessen zu sein. Als er schließlich noch von der Existenz meines Hobbyraums Wind bekommen hatte – ich war so unvorsichtig gewesen, gewisse Andeutungen in dieser Richtung zu machen –, gab es kein Halten mehr: Ob wir denn nicht mal gemeinsam basteln sollten, nach Feierabend?

Dagegen war zwar schlecht etwas vorzubringen, Weihnachten stand vor der Tür, aber ... Strüver ließ nicht locker, drang immer weiter in mich: Was denn zum Beispiel meine Frau dazu sagen würde? Ich sagte, um das Thema schnell hinter mich zu bringen: «Kein Problem. Sie toleriert das. Wir führen eine moderne Ehe.» – Ich musste schlucken dabei.

Der bestimmte Abend, den ich also nicht abzuwenden vermocht hatte, dämmerte heran. Punkt acht klingelte es, stand Strüver vor der Tür. Mit einem Blumenstrauß, «für die Dame des Hauses».

Ich erklärte ihm klipp und klar (das hatte ich mir nämlich vorher schon zurechtgelegt), dass meine Frau leider kurzfristig auf Dienstreise sei, aber wir könnten es uns ja auch so ganz gemütlich machen. (Rückblickend muss ich sagen: Das war ein großer Fehler!) Sicher auch ein Fehler war es, dass ich, wie ich es für gewöhnlich zu Hause tue, im Unterhemd herumlief (was Julia – das flechte ich hier ein – übrigens stets aufs schärfste verurteilt hatte!).

«Schön habt ihr es hier», sagte Strüver, als ich mit ihm durch den düsteren Flur tappte. Leider benahm sich Freitag ziemlich unmöglich, war ungezogen, zudringlich. Das lag sicher auch an Uwes stechendem Rasierwasser (– ein Duft, der Hunde provoziert!). Ich wies Freitag mehrmals laut zurecht, da war er ruhig. In der Küche überreichte ich Strüver das Tablett mit den Heringshäppchen, ich selbst nahm die Bierbüchsen. Daraufhin begaben wir uns unverzüglich in den Hobbyraum. Dort wies ich Strüver kurz ein, führte, wegen des defekten Stichsägenschalters, eine kurze Arbeitsschutzbelehrung durch und händigte ihm meine dunkelblaue Ersatzschürze aus.

Strüver sah sich ehrfürchtig in meiner kleinen Höhle um. Schon in dem Moment aber, als er die Laubsäge auch nur in die Hand nahm (oder wenigstens so tat), sah ich: Hier wird Theater gespielt, das alles ist nur ein Vorwand ... Doch ich ließ mir nichts anmerken, zeichnete mit ruhiger Hand die Außenmaße für die Bücherstützen (ein uraltes Projekt!) auf dem Brettchen an und begann stumm mit der Sägearbeit.

Strüver, nachdem er sich ein bisschen an seinem Schlüsselbrettrohling vergangen hatte (es kostete mich Nerven, darüber hinwegzusehen und nicht sofort einzugreifen), Strüver also sagte, die Säge absetzend, in die Stille hinein: «Mensch, das ist doch schön, mal so in aller Ruhe über alles quatschen zu können.»

Schweigend setzten wir die Arbeit fort.

Dann – und ich sah, dass er Mut fassen musste, ehe er den nächsten Satz, der ihm offenbar sehr, sehr schwer zu fallen schien, über die Lippen brachte –: «Sag mal, Hinrich, wo wir jetzt hier ganz ungestört und für uns sind, wäre es da nicht mal an der Zeit ... an der Zeit für ein Geständnis? Von Mann zu Mann ...»

Er schickte mir einen treuherzigen Blick zu.

«Willst du mir jetzt etwas sagen, Hinrich?»

Dieser Blick!

Da wusste ich es. Da war es mir klar – ... die Art, wie er mir die Blumen überreicht hatte, und wie erleichtert er wirkte, als er erfuhr, dass Julia nicht zu Hause war (als hätte er das insgeheim von mir erhofft) ... sein Zopf (eher ja ein Pferdeschwänzchen) ... diese auffällig gemusterten Seidenhemden ... überhaupt, all die offenen und verdeckten Annäherungsversuche in letzter Zeit – alles stand plötzlich in neuem Licht vor meinen Augen: Uwe ist *schwul!*

Er legte vertrauensvoll seine Hand auf meine Schulter.

Ich wurde rot.

«Ist schon gut», sagte er, bereits wieder ein Stück abrückend, «ich habe natürlich Verständnis dafür, dass es dir schwerfällt ... dass du darüber nicht so einfach sprechen kannst. Aber, Hinrich – ich nenne dich einfach weiter Hinrich, ja? –, man kann nicht auf Dauer mit einer Lüge leben ...»

Ich dachte an Julia – und schnaufte schwer aus.

Dann blickte ich auf, ein zufälliger Blick in den Wandspiegel, der zwischen Ansichtskarten aus aller Welt, mein fragendes Gesicht zeigte: Bin ich schön?

Ich beugte mich wieder schweigend über die Arbeit, sägte jetzt mit Inbrunst.

Uwe, glaube ich, verstand.

Als ich ihm dann noch half, sein angefangenes Schlüsselbrettchen mit einigen Finessen zu versehen (ovale Aussparungen ober- und unterhalb der Haltebereiche; umlaufendes, mit dem Lötkolben eingebranntes Zickzackmotiv), hatte sich die Atmosphäre über der Arbeit, die höchstes Fingerspitzengefühl verlangte, allmählich wieder entspannt und versachlicht. Uwe bedankte sich, ich will nicht sagen: kühl, aber, Gott sei Dank, doch schon etwas «abgekühlt», für meine Hilfe.

Auch ich war, als ich mich soweit wieder beruhigt hatte (erst der Manuela-Schock, jetzt das! – war ich denn Freiwild geworden?), im Innersten dankbar.

Diese Offenbarung, so unangenehm sie mir im Augenblick auch war, zeigte mir doch: Uwe ahnte nichts von meinen ATLANTIS-Unternehmungen. Immerhin, nicht zu vergessen, wir befanden uns ja nicht irgendwo, sondern – wie ich diesen Raum damals streng vertraulich im Umgang mit Freitag zu nennen pflegte – in der *«Fälscherwerkstatt»*. Ich gebot mir, unter allen Umständen Stillschweigen über die ATLANTIS-Angelegenheit zu wahren, um Uwe nicht noch diese überflüssige Enttäuschung zu bereiten. Dann schon lieber alles hinschmeißen. Das war ich ihm, glaube ich, schuldig.

Zum Abschied drückte jeder von uns sich noch ein bemühtes Lächeln aufs Gesicht.

Auch im Folgenden, wenn Uwe sich mir, manchmal ziemlich unverblümt und eindeutig, «aus dieser Richtung» zu nähern versuchte, bewahrte ich Ruhe, wehrte ich das freundlich, aber kategorisch, ab.

Da ich nach dem Vorfall «Hobbyraum» Schwierigkeiten hatte, Uwe ins Gesicht, in die Augen zu sehen, benutzte ich jetzt wieder häufiger, obwohl wir November hatten, die Sonnenbrille. Strüver sagte zwar nichts dazu, er schien sich aber, als hätte er nach seinem Vorstoß auch gar nichts anderes erwartet, damit abzufinden.

Er wollte dann auch wieder mit mir zusammen «auf Tour» (!) gehen ... Das musste ich natürlich verhindern! Als ich ihm sagte, es wäre doch besser, ich ginge, wie gehabt, alleine, und: er sollte sich da bitte *keine falschen Hoffnungen* machen – nickte er; er hatte mich also verstanden (obwohl, sein Lachen hatte da etwas Beängstigendes).

Dass wir unterschiedlich «gepolt» waren, merkte ich natürlich auch an ganz anderen Dingen, zum Beispiel, um einen etwas weniger verfänglichen Bereich zu nennen: in den politischen Auffassungen.

Nach einer Routine-Abendbesprechung hatte mich Strüver noch mit dem Lift nach unten gebracht (machte er sich etwa noch immer Hoffnungen?). Im Hotelfoyer allerhand lichtscheue Gestalten. Ich sagte sinngemäß: Früher, im Sozialismus, gab es die Regierungskriminalität. Das war zwar nicht schön, aber es war auf einen kleinen Kreis beschränkt. Jetzt – das nimmt ja richtig Ausmaße an ...

Strüver schüttelte fassungslos den Kopf. Er wollte mich noch zu einem Whiskey an die Bar einladen, wollte wissen, wie ich das meinte ... Ich wusste natürlich sofort, *was* er im Sinne hatte, und lehnte ab.

Dann aber auch wieder andere, gute Erfahrungen mit ihm!

Ein paar Abende später, oben, bei ihm im Hotelzimmer. Uwe saß auf dem Sofa und tippte die Aufstellung in den Laptop.

Er hatte eine Kerze angezündet. Es war Advent.

Ich saß fernab im Sessel – ich achtete jetzt immer auf einen gewissen Sicherheitsabstand – und diktierte ihm die Wochenzahlen.

Im Fernsehen lief die Nachrichtensendung. Irgendein Topspion der Staatssicherheit, jahrelang im Brüsseler NATO-Hauptquartier, war enttarnt worden.

Uwe, ganz beiläufig, den Blick manchmal kurz vom Laptopschirm zum Fernsehschirm hebend, fragte mich: «Sag mal, Hinrich, warst du eigentlich mal bei der ‹Firma›? So nannte man das ja wohl früher bei euch ...»

«Nö», sagte ich, mein Finger stand in Warteposition auf der nächsten Zahl.

Uwe sah freundlich zu mir herüber: «Eine andere Antwort hätte ich auch gar nicht von dir erwartet.»

Da war sie wieder – unsere gute vertraute Arbeitsatmosphäre! Und obwohl sich die alte Unbefangenheit natürlich nie wieder ganz herstellen ließ, blieb es doch bis zuletzt zwischen uns kollegial und freundlich; ich würde sagen: war es fast wieder ein einwandfreies Verhältnis geworden.

Doch.

Alle Jahre wieder!
Countdown

Neugierig, und mit offenem Maul, hatte Freitag die Flugbahn meines Hausschuhs verfolgt – und schließlich dessen glückliche, aber knappe Landung, dicht vor dem Fernseher, mit einem kurzen Beller begrüßt; er selbst aber hatte sich nicht vom Fleck gerührt.

Am Ausgangspunkt dieser ballistischen Kurve, die, angenähert der Diagonale, in schrägem Bogen durch das Zimmer verflogen war, stand mein Sofa. Dorthin nämlich, zu meinen Ursprüngen, war ich kurzfristig zurückgekehrt. Am 20.12. hatte ich meinen anteiligen Jahresurlaub angetreten. Doch zu einer Hängepartie im alten Stile sollte und konnte es – sosehr es auch meinen Körper danach dürstete – schon nicht mehr kommen. War ich unterdessen ein anderer geworden? Womöglich, ohne es zu merken: der neue Mensch?

Bis Anfang nächsten Jahres jedenfalls musste die Entscheidung, Vertriebsleiter – ja oder nein?, gefallen sein. Besinnung und Entschluss waren gefordert. Auch in anderen Dingen, Julia zum Beispiel.

Desto mehr regte mich Freitags demonstrative, zur Schau getragene Tatenlosigkeit auf. Ich tastete, jetzt richtig blind vor Wut, nach dem zweiten Pantoffel und schickte auch diesen auf die Reise …

Wieder blieb Freitag, wie am Boden festgeklebt, sitzen.

«Beweg dich doch endlich mal, du fauler Hund», herrschte ich ihn an, «komm, mach los! – Das Leben, Mensch, das Leben ist unendlich viel mehr als Fressen, Gassi und Glotze! Man kann nicht so wie du bloß in den Tag hineinleben. Das Leben muss doch einen Sinn haben, einen Sinn, verstehst du! … Jeder Mensch … überhaupt: jede Kreatur … man muss doch an etwas glauben in der Welt, verdammt noch mal!»

Beim Sprechen hatte ich mich aufgerichtet, war zuletzt sogar vom Sofa aufgestanden, stand schließlich in der Mitte des Zimmers, direkt vor Freitag. Bei bestimmten Ansprachen muss man stehen, man kann sie nicht im Liegen halten.

«Verstehst du das?»

Freitag sah mich verständnislos, aber tatendurstig an.

«Du wirst jetzt lernen, den Pantoffel zurückzubringen!»

Ich holte mir einen der Hausschuhe und schleuderte ihn in gehabter Weise weit, weit von mir.

Freitag machte keinerlei Anstalten.

Ich sah ihn streng an. Gut, ich ließ mich herab, seufzend – auf allen vieren lief ich beherzt und geschwind zum Pantoffel, schnappte ihn mir und trug ihn im Maul zurück. Vor Freitags Füßen legte ich ihn atemlos ab.

«Jetzt du!»

Noch einmal flog der Filzschuh –

Freitag verharrte misstrauisch. (Ich blieb ruhig. Bisher hatte ich mich ja, was seine Erziehung betraf, nicht gerade hervorgetan. Da durfte ich mich über seine Zurückhaltung nicht wundern. Das musste ich akzeptieren.)

Ich kroch also noch einmal los; aber jetzt ganz langsam, damit der Hund es sich besser einprägen konnte. Diesmal, immerhin, folgte er mir wenigstens. Seine Augen – staunend zusammengekniffen, sein Schwanz aufgeregt wedelnd.

Das war ein kleiner, ein winziger Fortschritt.

Ich richtete mich auf. Sicher, wir sollten systematisch vorgehen. «Sitz!» oder «Platz!», «Lieg!», «Hol den Hausschuh!» (also Apportieren), Männchenmachen – das alles musste schrittweise an ihn herangeführt werden.

Letzteres aber, Männchenmachen, das wenigstens wollte ich auf der Stelle noch mal mit ihm probieren. (Das stellte ich mir wunderschön vor: Ich komme abends völlig zerstört nach Hause, schließe die Wohnungstür auf, mache Licht. Und … ja, wer sitzt denn da im Flur und macht Männchen vor mir?)

Ich ging also nochmals vor ihm in die Knie, presste die Oberarme fest an meinen Körper, streckte die Unterarme vor, ließ die Pfoten hängen, auch die Zunge ließ ich seitlich ein Stück aus dem halboffenen Mund heraushängen –

Freitag gefiel das nicht. Er ging weg. Ließ mich einfach, so auf Knien, stehen! Sofort war ich hoch, lief ihm hinterher und baute mich wieder in Männchen-Haltung vor ihm auf. Er wandte sich ab.

Na gut, fürs Erste ließ ich es damit bewenden. Ein Anfang war gemacht.

Über all den Vorführungen war ich nun doch ziemlich hungrig geworden. Ich öffnete eine Büchse Hundefutter. Das war sicher ein pädagogischer Fehler; für die weitere Dressurarbeit wäre es zweifellos richtiger gewesen, immer noch ein kleines Extra in der Hinterhand zu haben und nicht Freitags bisherige Lernunwilligkeit dermaßen zu belohnen – trotzdem, ich hatte keine Lust, alleine zu essen.

Wie wir so am Boden saßen und ich von meinem kalt abtropfenden Wikinger-Würstchen, aus dem Glase, abbiss.

«Ich lade Julia zum Essen ein!» Plötzlich war mir dieser Gedanke von irgendwoher (aus dem grummelnden Bauch vielleicht) in den Kopf gestiegen. Ein großer Gedanke! Der mich ausfüllte, der keinem anderen Gedanken mehr Platz ließ. Mir wurde schwindelig bei der Vorstellung: am 24.! Zum Mittag! So wie früher …

Ich hielt im Kauen inne.

Ich dachte an Karpfen.

Unter Umständen kam auch Kaninchen in Frage, mit Klößen. Meine Gedanken wanderten in die Vergangenheit …

Jahresende – unwiederbringliche Gelegenheit, endlich einen Schlussstrich unter unsere Zerwürfnisse zu ziehen!

Ich trocknete mir langsam die Hände am Küchenhandtuch ab. Kurz darauf saß ich am Küchentisch und fertigte das Einladungsschreiben an Julia aus, für den 24. Dezember, 12 Uhr – zum Mittagessen.

Freitag lag mir zu Füßen. Andeutungsweise erwähnte ich daher noch, dass zu Hause eine große Überraschung wartete. Ich hob den Füller vom Papier, schloss die Augen und stellte mir vor: Julia kommt nach Hause. Hallo, sagte ich. Und statt des üblichen Gekläffes und Gespringes sitzt ein ganz braver Freitag in der Ecke – und ich sage zu ihm: Komm, gib Pfötchen, wie du es gelernt hast – und da streckt er Julia artig sein rechtes Pfötchen hin.

Einen Moment lang hatte ich auch überlegt, ob ich nicht noch ein paar von den Farbfotos dazulegen sollte, die ich Anfang des Monats von Freitag und mir geschossen hatte, auf dem Balkon und im Wohnzimmer – mit Selbstauslöser.

Aber das ließ ich dann. Ohne Bildbeilage würde die Wiedersehensfreude noch viel größer sein.

Um nichts dem Zufall zu überlassen (auch, damit Julia sah, dass es ernstgemeint war und nicht Larifari), setzte ich in Druckbuchstaben darunter: U. A. w. g.!

Das kam mir aber, als ich Freitag noch einmal alles vorlas, doch wieder zu nüchtern, zu amtlich vor. (Es konnte unter Umständen auch übertrieben, sogar albern wirken!) Also, noch eine Fußnote: «Um pünktliche Terminbestätigung wird v. a. deswegen gebeten, damit ich am 24. den Backofen rechtzeitig vorheizen kann. Des Weiteren: wegen der Klöße. Ich will sie diesmal *rechtzeitig* aufsetzen. Ich habe mich in dieser strittigen Angelegenheit noch einmal sachkundig gemacht – im großen hellblauen Kochbuch (Flurregal, rechts oben, neben der Badtür), welches wir uns, wie Du dich vielleicht erinnern wirst, 1977 gegenseitig zu unserem zehnten Hochzeitstag schenkten –: Vorletztes Jahr, unser Weihnachtsstreit, das räume ich hiermit offen und selbstkritisch ein, war absolut überflüssig. Der Fehler, wie ich heute erkennen muss, lag damals eindeutig auf meiner Seite! – Sie *mussten* klitschig werden!»

Genug nun des Entgegenkommens! Es musste ja nicht gleich ein Selbstbezichtigungsschreiben, ein Bekennerbrief, werden. Ich klebte den Brief zu und versah ihn mit einer Markmarke. Freitag ließ ich zu Hause. *Das* musste ich alleine tun. Innerlich bewegt, ging ich zum Kasten, Ecke Vivaldisteig.

Der Brief fiel durch den Schlitz ins Ungewisse.

Der Countdown lief.

21. Dezember.
Früh war ich auf, ich hatte mir den Wecker gestellt. Das Protokollbuch vermeldet für dieses Datum: «1. Wiederherstellung der alten Ordnung! (das A und O überhaupt); 2. Fortführung Unterricht Freitag; 3. Sonstiges.»

Die Restbestände meiner Flurkartons, viel war nach dem Weihnachtsgeschäft nicht übriggeblieben, räumte ich in den Hobbyraum. Danach wandte ich mich dem Wohnzimmer zu. Freitag zeigte sich anstellig, er trug mir den Staublappen hinterher, wofür ich ihn lobte. Besondere Sorgfalt war auf die Kommode und den Schreibsekretär zu verwenden. Viel Gedrechseltes, Geschnitztes – hier war das Fortkommen sehr erschwert. Diese Möbel stammten aus Julias Linie, waren also angeheiratet. Ich streichelte sie deshalb mit dem Staublappen nur ganz vorsichtig. Die Kleinarbeiten erfolgten mit dem Rasierpinsel. Nach einer Stunde ungefähr konnte ich mit dem Ergebnis zufrieden sein.

Großflächiger war bei der Schrankwand vorzugehen. Sie entsprach in ihrem Ausmaßen, ihrem «Design», ganz unserem Wohnblock, war klar und übersichtlich gestaltet. Staub und anderes Unnützes hatten hier kaum eine Chance, sich unentdeckt zu verbergen.

Nur bei einem Kontrollblick in die Mittelfächer (unten) wurde ich aufgehalten. Aktenordner fielen mir entgegen. Meine alten KWV-Akten!

Das brachte zwar meinen Zeitplan durcheinander, aber ich fand, auch dieses Kapitel musste jetzt abgeschlossen werden. Diese Akten belasteten mich. Am besten wäre es überhaupt gewesen, hätte ich sie damals vernichtet. Ratlos blätterte ich in den Papieren, diesen abgehefteten, abgelegten Zeugnissen meines Vorlebens …

Je länger ich darüber nachdachte, desto vernünftiger erschien mir übrigens dieses Wort: Vor-Leben. Noch nicht das richtige Leben, aber eines davor, eine Phase der Vorbereitung, es musste sich erst noch entpuppen. (Eine andere Frage: Ob nicht unser ganzes Leben ein Vor-Leben ist? – Doch das streifte Religiöses; ich konnte und wollte das an dieser Stelle nicht vertiefen. Außerdem war das nicht mein Spezialgebiet.)

Um eine ungefähre Ordnung zu bekommen, sortierte ich fürs Erste die Schadensprotokolle aus, ein schnell wachsender Stapel grauen, gelblichen und rosafarbenen Durchschlagpapiers.

Damals, in den Jahren als Sachbearbeiter bei der Kommunalen Wohnungsverwaltung, hatte meine Spezialaufgabe darin bestanden, wiederholt und nachhaltig beschwerdeführende Mieter zu Hause aufzusuchen, um mir an Ort und Stelle ein Bild vom Ausmaß ihrer Schäden zu machen. Das reichte von einer Schlafzimmerdecke, auf der Pilze wuchsen, weil es seit Jahren durchregnete, über durchgefaulte Küchendielungen, die den Blick aufs – wie lange noch? – tragende Gebälk freigaben, bis hin zu Fenstern, die sich mitsamt ihren Rahmen aus dem morschen Mauerwerk lösten.

Die Ergebnisse meiner Vor-Ort-Inspektionen waren in einem Protokollbuch festzuhalten. Anhand dieser Eintragungen hatte ich dann, wieder im Büro (einem kleinen Verschlag im Keller des KWV-Hauptgebäudes), auf meiner schwarzen Olympia-Reiseschreibmaschine die ausführlichen Schadensprotokolle zu erstellen. Diese gingen dann, in einem Original und zwei Durchschlägen, an die entsprechenden Abteilungen. Ein Durchschlag verblieb bei mir, für die Ablage.

Das war es dann.

Es half den Leuten ja schon, dass sich einer hinsetzte und ihnen zuhörte. Mehr hätte ich auch kaum tun können! Unsere marodierenden Handwerkertrupps zu bekommen, sie überhaupt aufzuspüren, grenzte ans Unmögliche. Ganze Bauwagen, samt ihren Besatzungen, galten tagelang als verschollen. Von wochenlangen undurchsichtigen Skatturnieren war die Rede, auch von mehrtägigen Schwarzarbeitseinsätzen außerhalb der Stadt.

Und bei mir klingelte das Telefon: Wann kommen Sie endlich? Sie haben doch selbst gesehen …

Worte halfen da nicht. Ich wusste auch nichts zu sagen und begann, mich in Schweigen zu hüllen. Ich verschanzte mich immer mehr in meinem Büro, war verzweifelt und nahe daran, mein Leben, zumindest mein Berufsleben, dem Alkohol zu widmen.

Einmal bestellte mich der Chef zu sich.

Er bemängelte, dass ich dazu übergegangen war, grundsätzlich alle Schadensprotokolle mit Dringlichkeitsvermerk zu versehen. Das würde die Arbeit der Reparaturbrigaden nur erschweren. Ich sagte: Das ist das Einzige, was ich für die Leute tun kann.

Das verstand er.

Wir einigten uns, dass ich im Publikumsverkehr den Leuten weiterhin Dringlichkeit bestätigen konnte. Für den internen Verkehr gab es außerdem noch die Steigerung «Sehr dringlich!» und als höchste Steigerungsform, deren Bestätigung allerdings dem Chef selbst vorbehalten blieb, «im nächsten Jahr».

Als dann der Laden zusammenbrach, war ich erleichtert. Ich empfand das als gerechte Strafe. Ich lebte auf, es war eine glückliche Zeit. Meinem neuen Chef von der nachgerückten Wohnungsbaugesellschaft m. b. H. half ich, die alten Bestände zu ordnen, die dringendsten Fälle hervorzugraben. Ich machte fast jeden Tag Überstunden und nahm auch nicht meinen Jahresurlaub. So kam es dann auch, dass mir, als meine Stelle gestrichen wurde, noch fast zwei Monate Urlaub verblieben, ehe ich meine Arbeitslosigkeit antrat.

22. Dezember.
Da ich mich am Vortag derart über den Akten verzettelt hatte, stand als erstes Hundeschule auf dem Programm. Die Übungen mit Freitag verliefen vielversprechend. Zumindest schien der Hund jetzt begriffen zu haben, worauf es ankam: dass nämlich vor der Einnahme des Mittagessens einiges zu leisten war.

Fortschritte gab es bei einfachen Befehlen. Bereitwillig folgte Freitag zum Beispiel meiner Aufforderung «Lieg!», wobei allerdings zu bemängeln war, dass er sich im Laufe des Vormittags zu wiederholten Malen selbstständig und *ohne* ausdrücklichen Befehl in die Liegeposition begab. (Er schien Gefallen daran gefunden zu haben.) Hier war noch Arbeit zu leisten!

Unterdessen machte ich mich an die Feinstruktur der Aufräumungsarbeiten. Schon seit längerem war mir das Bücherbord in der Schrankwand störend ins Auge gefallen: ein buntes Durcheinander. Zuerst wanderte meine kleine Ratgeberreihe für Heimwerker in den Hobbyraum, dort gehörte sie schließlich auch hin. Unschlüssig war ich nun, wie mit dem Rest verfahren werden sollte. Im Wesentlichen handelte es sich da um eine umfangreiche Sammlung von Science-fiction-Romanen (mein Spezialgebiet) und um eine zwölfbändige Ausgabe der Klassiker des Marxismus/Leninismus – eine Anschaffung noch aus der Fernstudienzeit. Hier nun bewährten sich meine Bücherstützen hervorragend! Sie führten klare Trennlinien ein; durch die Aussortierung der Heimwerkerliteratur waren nämlich die Bereiche SF und ML vollkommen ineinandergerutscht.

Einen Augenblick lang hatte ich auch die Auslagerung des Marxismus/Leninismus in den Hobbyraum erwogen, aber 1. kam das überhaupt nicht in Frage, und 2. war dort kein Platz mehr.

Zu 1 muss ich noch bemerken, dass die zwölf Bände keineswegs nur in staubfängerischer Absicht im Schrankfach standen. In der ersten Zeit als ich ohne Arbeit war, aber auch später, bei meinen ersten Schritten ins wechselvolle Vertreterleben, kam ich immer wieder auf diese Fragen zurück. (Die Beschäftigung damit hatte wohl sogar schon früher begonnen, damals, als ich – zur Tatenlosigkeit verdammt – in meiner KWV-Zelle saß.) Nachfolgend zwei Protokollbucheintragungen, aus denen meine langanhaltende Beschäftigung mit diesen Grundfragen ersichtlich wird:

«Die Arbeit, höre ich, habe den Menschen geformt. Meinetwegen. Wäre es da nicht aber an der Zeit, sich einmal – auch *sehr kritisch!* – mit der Arbeit auseinanderzusetzen?»

Ein Gedanke, der später, und zwar im Oktober d.J., weiter präzisiert wird:

«Las heute abend, nach toller 12-Stunden-Tour, um ein bisschen den Kopf frei zu bekommen, seit langem wieder einmal in Engel's Schrift ‹Anteil der Arbeit an der Menschwerdung des Affen›. (Sie hatte mir schon beim Lehrgang ausgezeichnet gefallen!) Alles sehr richtig. Nur, die Sache muss m.E. genau andersherum aufgerollt werden. Mein Vorschlag, vor allem im Hinblick auf notwendige Aktualisierung, nun dahingehend: Kurze Ergänzungsschrift (etwa 15 Seiten, auf gar keinen Fall länger) unter dem Titel ‹Anteil der Arbeit an der Affenwerdung des Menschen› (hier z.B. Strüvers ständiges ‹Ich mach mich für die Firma zum

Affen› u. ä. als Stichwort mit einzubasteln). Auch die Absätze, die Engels dem Thema Arbeit – Sprache – Denken widmet, müssen neu und in aller Ruhe durchdacht werden.

Keine Revision des Marxismus, aber schrittweise Modernisierung. – Daran hat es immer gefehlt!»

Das alles hätte sicher eine reizvolle Beschäftigung abgeben können (und die Versuchung war nicht klein), doch ich wollte und durfte mich jetzt nicht in welthistorischem Kleinkram verlieren. Auf der Tagesordnung stand einzig und allein: Julia!

Also wiederholte ich mit Freitag noch einmal die Übungen vom Vormittag. Dann gab es eine längere Mittagspause.

Eintrag ins Protokollbuch: «Lieber Gott ... – ist das ein Briefanfang? Ich habe schon wieder das Adressbuch verlegt. Auch meine Lesebrille. Ich muss überhaupt noch Weihnachtskarten schreiben. – Muss ich das überhaupt?

P. S.: Die Lesebrille glücklich wiederaufgefunden. Sie steckte zwischen den Büchern. Das könnte naheliegenderweise ihr Stammplatz werden. (Dinge, die man immer sucht, müssen einen Stammplatz haben!!!)»

Im Vorabendprogramm sah ich mir mit Freitag noch gezielt eine Sendung zum Thema «Können Tiere denken?» an. Ganz schlüssig war man sich wohl auch im Fernsehen nicht zu dieser Frage.

«Nicht wahr, Freitag, unser Frauchen soll wieder bei uns sein?»

Letzter Eintrag ins Protokollbuch: «Befriedigte mich heute ziemlich unbefriedigend selbst. – Müder, später Zapfenstreich.»

(In dieser Nacht träumte ich von einem Seebegräbnis, bei dem es wegen fehlender Badekappe zu Schwierigkeiten kam, so dass improvisiert werden musste.)

23. Dezember (der Vorabend!).
Lichtblick: Julia hatte bislang nicht abgesagt! (Sie hatte sich allerdings überhaupt noch nicht gemeldet.) Ich beschloss trotzdem und deswegen, einen Kaninchenbraten zu besorgen. Am liebsten hätte ich Freitag losgeschickt, damit das Telefon nicht unbesetzt blieb. Dann entschied ich mich für einen Kompromiss: Ich legte den Hörer neben den Apparat – so wusste Julia, dass wir zu Hause sind –, und rasch ging ich mit Freitag die Einkäufe erledigen.

Bei dieser Gelegenheit auch Kontrolle des Postkastens. Er war leer. Meine Entscheidung vom Vortage hinsichtlich der Weihnachtskarten war also absolut die richtige gewesen.

Die Wiederaufnahme der Übungen mit Freitag erfolgte am späten Vormittag. Ein paar grundsätzliche Dinge hatte er wahrscheinlich begriffen. Wunder konnte man nicht erwarten. Gegen 14 Uhr stellte ich dann das Training generell ein.

Ausschlaggebend für diese Entscheidung war sicher auch, dass insbesondere die Hausschuhnummer sich allmählich für uns beide, aber vor allem für mich, zur Belastung entwickelt hatte. Sobald Freitag nämlich meines Hausschuhes habhaft wurde, trug er ihn als Siegtrophäe davon. An eine freiwillige Herausgabe war nicht zu denken. Auch geduldiges Zureden half da nicht. Wenn ich ihn aber ultimativ aufforderte, den Hausschuh wieder herauszurücken, knurrte er mich nur feindselig an.

Ich verzichtete schlussendlich auf die Rückgabe, zumal mir über den Verbleib des anderen Hausschuhs nichts Näheres bekannt war. Allerdings war zu vermuten, dass dieser seitens des Hundes in eines der Vorratslager verbracht worden war, die er in letzter Zeit an verschiedenen Orten der Wohnung für denkbare Notsituationen angelegt hatte.

Zwar machte ich, auch zur Aufrechterhaltung der Ordnung, mit der Taschenlampe an relevanten Ecken (unter dem Sofa, im Bereich Flurwandregale, unten) Stichproben, kam dann aber ziemlich schnell davon ab. Die Gehwege und Hauptplätze waren freigeräumt. Hätte ich jetzt, in letzter Minute, damit angefangen, unterm Schrank usw. den Staub, der sich dort zu flocken begann, aufzuwirbeln – die Arbeit von Tagen wäre zunichte gewesen. So ließ ich das also und setzte mich in die Küche. Im Radio kam mein Lieblingslied, ein englisches: «Words are very unnecessary». Ich ging in mich. Was war denn los mit mir? Nichts. Jedenfalls nicht viel. Ich hatte wieder mein altbekanntes Ball-der-einsamen-Herzen-Gefühl. Mit einiger Sorge sah ich in die Zukunft, sah ich der Begegnung mit Julia entgegen.

In den Tagen, seit ich wieder zu Hause saß, hatten sich die wenigen Wörter, mit denen ich meine letzten Vorweihnachtsverkaufsgespräche bestritten hatte, verloren. Sie waren verschwunden. Sie hatten wahrscheinlich wie ich ihren wohlverdienten Jahresurlaub angetreten. Ich vermisste sie nicht, gar nicht. Dennoch, bei der zu erwartenden Aussprache mit Julia würde mir das eine oder andere sicher fehlen.

Zur Vergewisserung sagte ich Tisch zum Tisch, Glas zum Glas,

Zigarette zur Zigarette, Asche zur Asche, Staub zum Staub. Um ein menschliches Elementargeräusch zu hören, lachte ich in der Küche die Wand an: «Ha! Ha!» Die Betonwand gab es kurz und trocken zurück.

24. Dezember.
Über den genauen Hergang der Ereignisse am Vormittag des 24. Dezember kann ich nur mutmaßen. Tatsache ist, ich hatte mir den Wecker gestellt. Ich wollte rechtzeitig alle erforderlichen Maßnahmen einleiten können.

Es muss passiert sein, während ich die Frührunde mit Freitag machte. Ich hatte sie auf 10 Uhr verschoben – das konnte Julia nicht wissen (wie ich mir später immer wieder sagte). Die Gründe für diese Verschiebung waren rein praktischer Natur. Ich wollte, nachdem ich die Küche am frühen Morgen in Startposition gebracht hatte, gegen halb 11 mich duschen und rasieren, um dann, genau zur Zeit, frisch rasiert und einsatzfähig zu sein.

Wieder keine Post im Kasten, zumindest nichts von Julia.

Als wir, es muss gegen halb 11 gewesen sein, die Wohnung erreichten (atemlos, denn ich hatte mich beeilt – wenn es überhaupt noch eine Chance gab, dann war das ein Anruf!), merkte ich, wie Freitag unruhig wurde. Er bellte und lief sofort Richtung Hobbyraum. Ich folgte ihm. Erst unschlüssig. Lief dann den Weg, den ich schon so viele Male in meinem Leben gelaufen war, mit Schritt für Schritt schneller werdenden Schritten, stand schließlich vor der unscheinbaren Tür, klinkte den Türgriff – Meine Augen waren geblendet!

Auf der Werkbank, unter Lamettasilber, ein Weihnachtsgesteck! Mitten darin stak ein Schokoladenweihnachtsmann. Es lagen noch ein Paar Socken da und eine grüne Strickmütze. Auch eine Tüte mit Marzipankartoffeln (… das wusste sie also noch!).

«Mensch, Freitag!» schrie ich, «Mensch …»

Rasend suchte ich die Wohnung ab. Nichts.

Freitag sah schuldbewusst zu mir herauf. Unter Tränen streichelte ich ihn, er konnte ja nichts dafür.

Beim Hochnehmen der Socken entdeckte ich die Karte, eine Klappkarte. Ich klappte sie auf.

«Ich habe Dich sehr lieb!» stand da; ich setzte mich hin. Und, weiter unten, unter dem goldigen Tannenzweig, las ich die Worte: «Aber ich kann nicht mit Dir leben! – Julia»

«Aus», sagte ich zu Freitag, der sich gerade über den Weihnachtsmann hermachen wollte – «Aus!»

Ich erwachte auf dem Sofa.

Ich hatte mir etwas antun wollen. Aber was?

Ich nahm mir eine Zigarette und einen Keks. Der Keks krümelte. Das durfte er jetzt. Ich ging krümelnd zum Telefon und tippte Connys Nummer ein. «Wir sind im Moment nicht da. Hinterlassen Sie –»

Querfeldein streifte ich durch die Wohnung. Die große schwarze Reisetasche fehlte. Ebenso, soweit ich das überblickte, einige Sachen aus Julias Schrank. Aus dem Dokumentenfach in der Schrankwand war Julias Bahn-Card verschwunden.

Ich legte mich aufs Sofa – sprang wieder auf. Ich durfte mich jetzt auf keinen Fall hängenlassen. Also zündete ich eine Kerze an und machte, obwohl es noch viel zu früh dafür war, Bescherung mit Freitag. Viel hatte ich nicht. Aber er schien sich zu freuen. Richtige Stimmung wollte natürlich nicht aufkommen, obwohl ich die Übergardinen, damit es ein bisschen dunkler wurde, zugezogen hatte. Ich legte die Kreuzchorplatte auf, dann verzog ich mich zu Freitag vor die Glotze. Aber ich konnte mich nicht richtig auf den japanischen Zeichentrickfilm konzentrieren. Im Hobbyraum las ich wieder und wieder Julias Karte. Lange überlegte ich, ohne zu einem Schluss zu kommen. Dann riss ich die Vorderseite ab, kniffte die beschriebene Seite in der Mitte durch und riss sie ebenfalls auseinander. Die obere Hälfte verwahrte ich im Dokumentenfach (linke Schreibtischhälfte, mittleres Schubfach), die untere steckte ich mir in die Hosentasche.

Das werden wir ja sehen!

Dieser Satz, der da auf einmal in mir laut geworden war, trieb mich jetzt an, trieb mich durch die Wohnung – «Das werden wir ja sehen!» Im raschen Vorbeigehen klickte ich den Fernseher aus. Zu dem verwundert aufblickenden Freitag aber sagte ich: «Los, auf! Es wird Zeit, mein Lieber, dass wir unseren hübschen kleinen Robinson-Club hier auflösen. Marsch!»

Im Schlafzimmer hatte ich den Rucksack aufs Bett gestellt. Ich packte alles, was mir wichtig war, ein. Es war nicht viel. Ich sah mich um. Jetzt kam das Wichtigste: Unter Julias Kopfkissen zog ich – sie hatte es damals vergessen – das lindgrüne Nachthemd hervor. Ich presste mein Gesicht hinein. Julias Duft stieg mir zu Kopf. Er brachte mich um den Verstand.

Danach, als es wieder ging, ging ich in die Küche und holte einen Tiefkühlgefrierbeutel. Darin verstaute ich das Nachthemd. Den Beutel verschloss ich luftdicht und stopfte ihn in meine Manteltasche.

Den Kühlschrank räumte ich leer. Auch die zwei Brote, die ich für die Feiertage gekauft hatte, schob ich in den Rucksack. Zwischendurch musste ich immer wieder lachen: Das wäre ja gelacht!

Ein letzter Kontrollgang durch die Wohnung – dann zog ich mir meine gefütterten Winterstiefel an.

Ich pfiff Freitag zu mir heran.

Unschlüssig näherte er sich. Da packte ich ihn mir am Halsband, hielt ihn fest; mit der anderen Hand holte ich die aromageschützte Verpackung aus meiner Manteltasche, öffnete sie ein Stück und ließ Freitag am Nachthemd schnuppern.

Er begann zu winseln, dann bellte er. Er hatte, im Unterschied zu mir, seine Sprache wiedergefunden.

«Brav, Freitag, brav! Bist ein guter Hund!» Ich verpackte das Nachthemd wieder luftdicht und gab Freitag einen leichten Klaps: «Such, Freitag! Such! Such unser Frauchen! Such!»

Die Hundeleine straffte sich. Freitag hatte schnell begriffen, dass es nun hinausgehen würde in die weite, weite Welt!

Ich musste ihn nur noch einmal kurz an der Türklinke festmachen; ich hatte etwas vergessen. Aus dem Hobbyraum holte ich mir meine neue chemiegrüne Strickmütze. Vor dem Flurspiegel setzte ich sie mir auf – als Erkennungszeichen!

Unten im Treppenhaus hielt ich inne. Ich sah nach oben. Ganz so sang- und klanglos wollte ich denn doch nicht verschwinden.

«Kommt doch endlich raus aus euern Höhlen!»

Mein Ruf hallte durch den Treppenhausschacht.

«Bitte! Ihr Idioten!» (Freitag bellte zur Bekräftigung.) Ich wollte die Haustür krachend ins Schloss werfen, aber die Pneumatik dämpfte schnaufend den wütenden Schwung.

Draußen war es kalt, aber nicht sehr.

Von fern die Geräusche rangierender Züge. Schneeregen. Die Müllcontainer glänzten. In den Fenstervierecken blinkten elektrische Schwibbögen. Oben kein Himmel, nur undurchsichtiges Grau.

Ich zog mir die Mütze tief ins Gesicht und – «Los geht's, komm, Freitag, die Nacht ist noch lang.»

Unterwegs die Straßen waren leer.

Erst auf dem S-Bahnhof wieder Menschen, mit großen Taschen und Beuteln, bunten Weihnachtspäckchen, glänzenden Schachteln.

Ich sah auf die Bahnhofsuhr. 18 Uhr 12.

«Aber der Weihnachtsmann da, der hat ja gar keinen richtigen Bart!» hörte ich ein Kind streng zu seinen Eltern sagen. Es zeigte mit dem Finger auf mich. «Das ist ein Onkel», erklärten die Eltern weihnachtlich sanft.

Verlegen fuhr ich mir mit der Hand über die Stoppeln meines Fünftagebartes, ich versuchte zu lächeln …

«Aber der Onkel weint ja …»

Schnell wandte ich mich ab und vertiefte mich interessiert in den Streckennetzplan der U- und S-Bahn. Doch das änderte nichts. Mein Plan stand fest. Schon lange. Schon seit ich die Wohnung verlassen hatte. Und – er war teuflisch gut!

Julia saß in der Falle.

Seid getrost, ich bin's; fürchtet euch nicht!

Gegen 20 Uhr betrat ich den «Zapfhahn».

Sofort, als er meiner ansichtig wurde, eilte der Kellner herbei: «Wir sind hier aber nich die Bahnhofsmission!»

«Ich gelte als Fernreisender», gab ich dem flotten Bacchus-Jünger bescheiden zurück und wies mit einem Kopfruck auf meinen Rucksack, den ich soeben neben dem Tisch abgestellt hatte.

«Du hast wohl 'n paar Dachziegel locker, wa?» Bewundernd sah er mich an. Dann warf er einen prüfenden Rundumblick durch die fast leere Lokalität, und da im Augenblick wohl niemand Anspruch auf seine Dienste anmeldete, beeilte er sich, meinem Wunsche, den er sofort erraten haben musste, nachzukommen. In Windeseile, so schnell konnte ich gar nicht gucken, flog ein Bierdeckel an meinen Platz.

«Een Bier also, mehr nich. Dann machste 'ne Flatter. Und, bezahlt wird gleich! Einmal Klo ist inklusive. *Einmal* hab ick jesagt, damit wir uns hier richtig verstehn. Sonst lernste mir kennen. Ick kenn euch Brüder nämlich.»

«Brüder», hatte er gesagt. Ich lächelte ihm hinterher.

Er kam dann auch recht bald wieder und stellte ein Bier und zwei Schnäpse auf den Tisch. Einen der Schnäpse trank er, im Stehen, selbst. Mit Blick auf den anderen sagte er: «Da, is vom Weihnachtsmann.»

Ich durfte mich also als Gast betrachten! Und obwohl ich gern länger geblieben wäre – ich musste wieder los. Zum Abschied wollte ich ihm aber wenigstens die Hand drücken, doch er hatte jetzt wieder beide Hände voll zu tun und warf mir im Vorbeieilen halblaut über die Schulter ein «Hau endlich ab, Mensch!» zu.

Draußen machte ich Freitag vom Eisengeländer los. Die Leine hatte ich nur locker umgelegt. Für alle Fälle …

Wir bezogen wieder unseren Posten in der Haupthalle. Da es dort keine Bank gab, nahm ich am Boden Platz. Meine Befürchtung, das würde auffallen, erwies sich zum Glück als unbegründet. Die Reisenden schienen mich gar nicht wahrzunehmen. Sie sahen mich zwar, aber sie sahen zugleich durch mich hindurch, als ob ich Luft wäre. Oder, noch besser, sie sahen einfach über mich hinweg. Das konnte mir nur recht sein. Alles sehen – selbst nicht gesehen werden! Ich ließ sie nicht aus den Augen …

Während also die Absicherung der Haupthalle durch optische

Überwachung («Das werden wir ja sehen!») gewährleistet war, bereitete mir die Unübersichtlichkeit der Seiten- und Nebentreppen einige Sorge. Gleich bei meinem ersten Kontrollgang war mir das aufgefallen: Hier gab es ungezählte Fluchtwege. Dieses undurchsichtige Revier wies ich Freitag zu, Parole «Spürnase».

Dankenswerterweise hatte die Bahnhofsverwaltung es nicht verabsäumt, in der Haupthalle eine Tanne aufzustellen. Mit elektrischen Lichtern. So kam doch noch ein bisschen Stimmung auf. Auch Freitag war guter Laune. Ihm gefiel es hier viel besser als zu Hause. Immer etwas los! Den ganzen Abend war er auf seinen vier Beinen. Allerdings muss bemerkt werden: Im Hinblick auf die ihm zugedachte Hauptaufgabe war diese Bahnhofsvorhalle eine regelrechte Zumutung. Ein Duftuniversum ohnegleichen. Betäubend! Und verzog sich schon einmal für einen Moment der Dauergeruch des Fettgebackenen, rückte sofort Ersatz nach: Ein Paar Schweißfüße schritt zielstrebig an uns vorbei; dunkel, aus einem Pelzmantel, wehte orientalisches Parfüm uns an; Zigarrenrauch geisterte blau und ziellos durch die Halle, bis er, von einem plötzlichen Luftzug mitgerissen, das Weite suchte und es draußen, in der kalten Nachtluft, wohl auch fand … Schwierig, nicht zu sagen: unmöglich, hier etwas herauszuriechen! Deshalb vergaß ich nicht, Freitag hin und wieder an seine eigentliche Aufgabe zu erinnern, nahm ihn beiseite und hielt ihm den kurz geöffneten Plastikbeutel unter die Nase: Julias aromasicher verpackte Duftkonserve! Freitag musste sie verinnerlichen. Der Spürhund durfte für keinen Augenblick sein Jagdfieber verlieren. Er musste auf dem Posten sein – zumal um diese Zeit nicht mehr viel Betrieb war und ich ein bisschen vor mich hindösen wollte …

In leichtem Glitzerzeug schwebten buntgeschminkte Weihnachtsengel durch die weite festliche Halle. Ein traumhaftes Bild. Manchmal blieb ein Mann bei ihnen stehen und unterhielt sich mit ihnen, oder er nahm sich einen davon einfach mit, zu irgendeiner schönen Bescherung –

Flaschenklirren und Gelächter ließen mich hochschrecken. Freitag, neben mir, spitzte wachsam die Ohren. Wir hatten Gesellschaft bekommen! An der Wand gegenüber lagerte eine graue laute Männerschar. Sie sahen aus wie Ali Babas vierzig Räuber; aber es waren weniger. Stadtstreicher, Penner, Obdachlose, wie man wohl annehmen musste. Draußen, auf dem Bahnhofsvorplatz, war es ihnen sicher zu kalt geworden. Am Boden wehte es eisig herein.

Ich tat so, als sähe ich sie nicht. Aber im Unterschied zu den anderen Leuten auf dem Bahnhof sahen sie mich sehr wohl.

«Wat bist 'n du für 'n komischer Vogel?» hörte ich von dort. Ohne Zweifel, ich war gemeint.

«Ich bin Vertriebsleiter», gab ich deshalb bekannt.

«Ooch nich schlecht. – Willste 'n Schluck?»

«Vertriebsleiter Ost», fügte ich leise, weil mir das plötzlich wichtig erschien, hinzu.

Das stieß auf Zustimmung. Fröhliches Lachen antwortete mir. «Wat willste denn vertreiben?» – «Na, hoffentlich nich uns», zischte ein zahnloser Mann dem vorlauten Frager zu und stieß ihn dabei feixend mit der Schulter an. Er hustete. Es hörte sich an wie ein Motor, der nicht anspringen will.

Ich lächelte triftig, schüttelte aber beschwichtigend den Kopf.

«Na los, nu gib ihm'chen doch mal 'n Schluck!»

Einer aus der Gruppe wickelte eine Flasche aus. Ich erhob mich und ging zu den Männern hinüber. Das Bahnhofsgeschehen konnte ich schließlich auch von dort aus im Auge behalten. Freitag folgte mir auf dem Fuß. Man empfing uns gut gelaunt. Ich nahm einen Schluck aus der Flasche, hievte meinen Rucksack von der Schulter und nahm Platz bei den Männern.

«Du machst wohl gerade 'ne Traumreise?» sprach der Zahnlose, er tippte ehrfürchtig mit seinem schwarzen Zeigefinger meinen Rucksack an.

«Das weniger.»

Aber da fiel mir ein, dass ich mich für die freundliche Aufnahme bedanken könnte. Ich öffnete meinen Rucksack und sprach: «Hört! Ich will mein Brot mit euch teilen.» Sie aber sprachen zu mir: «Mann, warum sagste'n det nich gleich!» Und so geschah es. Ich hatte meine Freude daran zu sehen, wie es ihnen, obwohl sie ihre Hände nicht gewaschen hatten, schmeckte. Brot und Schnaps, Salami und abgepackte Käsescheibletten. Und war es auch nicht viel, so war es doch gut. In ihren Gesichtern stand Zufriedenheit ob der Gaben.

Nachdem ich sie also gespeist und gesättigt hatte und wir davon erwärmt wurden, zündeten wir uns Zigaretten an. Sie waren nun begierig zu erfahren, woher ich denn käme und wohin die Reise mit mir ginge?

Ich zuckte die Schultern und sprach von dienstlichen Gründen, welche mich hier am Bahnhofe festhielten. Sonst säße ich sicher zu Hause ... Sie lauschten meinen Worten mit ungläubigem Staunen.

«Und zu Hause – da haste wohl 'ne richtige Wohnung, wa?» – Das war jetzt wieder der Vorlaute! – «Mit Fernseher und Kühlschrank und allet, und schön warm ...»

Ich nickte gedankenvoll. (Für einen Moment war ich mir nämlich nicht mehr ganz sicher, ob ich im Hobbyraum auch das Licht ausgeschaltet hatte.)

Sie lachten wie über einen Witz. Sie konnten gar nicht mehr aufhören. Auch ich lachte, zur Gesellschaft, ein bisschen mit – bis einer, der noch nichts gesagt hatte, offenbar aber der Wortführer war, das Wort nahm, worauf die anderen sofort verstummten: «Na klar, als Vertriebsleiter, warum denn nich 'ne eigene Wohnung? Und nu isset eben mal 'n Herzensbedürfnis von dir jewesen, Weihnachten mit uns zu feiern, weg von Mutti'n, na klar. Is ja auch janz schön bei uns, oder? – Mal ehrlich, wat suchst'n hier?»

Das letzte klang beinahe drohend.

«Ich suche eine Frau», gab ich unumwunden zu, wozu Versteckspielen. (Julias Namen nannte ich allerdings nicht.)

Die Runde summte einverständig. So etwas hatte man sich wohl gedacht. Ich musste vorsichtiger sein.

Nach einer Weile sagte der Wortführer: «Aber so isset nich. Wir haben hier ooch allet mögliche, sogar 'n Professor. Komm, Herbert, zeig mal.»

Der als «Herbert» Bezeichnete kramte aus seiner Kutte eine Brille hervor, setzte sie sich auf die Nase und sah mich ernst an.

«Nich schlecht, wa?» fragte der Wortführer.

Ich nickte – und bei dieser Gelegenheit stellte ich endlich auch Freitag namentlich vor. «Aber Vorsicht», warnte ich, «der ist scharf wie Peperoni!» Leutselig blickte Freitag in die Runde, das hier schien ihm Abwechslung zu versprechen. «Wow», sagte er.

Nun wollte natürlich auch ich wissen, mit wem wir es denn zu tun hätten. Doch die Antwort blieb unbestimmt: «Nischt Besonderet. Im Grunde sind wir ooch so wat wie du», zischte der Zahnlose.

Damit musste ich mich zufriedengeben.

Später stieß dann noch Mario zu uns, Mario aus Osnabrück. Ich wurde ihm als «der Vertriebsleiter» vorgestellt. Das beruhigte mich. Man nahm also ernst, was ich sagte. Am Anfang hatte ich für einen Moment daran gezweifelt.

Marios Kommen war Anlass für eine neuerliche Schnapsrunde. Ich musste aufpassen. Meine Augenlider wurden immer schwerer. Ich legte den Kopf in den Nacken und betrachtete die Welt aus schmalen Schlitzen.

Gegen Mitternacht, ein letzter Schub Reisender. Schwer zu entscheiden, ob An- oder Abreise. Außerdem – ich war nach diesem Tag auch schon hundemüde …

Da – ein Paar! Die Frau hatte ich zwar nicht mehr genau erkennen können, sie war gerade aus dem Bahnhofsausgang verschwunden. Aber der Mann – der Mann hatte alle Anzeichen eines Hugelmannes! Zum Beispiel trug er Lodensachen!!!

Ich rekelte mich hoch, kam schwer ins Gleichgewicht, stand dann aber, drückte Mario, der neben mir gesessen hatte, die Hundeleine in die Hand, «Schön lieb sein, Freitag, ich bin gleich wieder da», stolperte den beiden hinterher, Ausgang Jebensstraße. Die Straße war leer.

Links oder rechts? Ich ging nach rechts. Vielleicht waren sie schon um die Ecke. Ich beeilte mich. Ecke Hertzallee – wieder nichts. Das war auffällig. Sie mussten, falls ich ihnen auf der Spur war, ungewöhnlich schnell gegangen sein. Das roch nach Flucht! Sie hatten bemerkt, dass ich sie verfolgte …

Hertzallee hoch … jetzt bedauerte ich, dass ich Freitag nicht bei mir hatte; aber ich durfte auch den Bahnhof nicht unbewacht lassen … Fasanenstraße. – Nichts.

Das schnelle Laufen hatte mich erhitzt, die frostige Nachtluft mich abgekühlt und ernüchtert. Mir war heiß und kalt. Nüchtern versuchte ich nachzudenken: Was war los? Wie kam ich eigentlich dazu, Mitternacht auf dieser menschenleeren Straße, unter dieser gleichgültigen Laterne zu stehen? Wie kam ich überhaupt hierher?

Ja, Hinrich, wo bist du denn gewesen die letzte Zeit?

– Ich weiß nicht … am Leben …

Und jetzt bist du wieder unterwegs?

– Ja. Zu meinem Leidwesen.

Wohin?

– Zu Julia.

Und was willst du von ihr?

– Ich muss mit ihr reden, ihr etwas sagen.

Und was?

– Das weiß ich nicht. Ich muss ihr sagen, dass ich das nicht weiß.

Ach so. So ist das.

Am Ende der Straße stoppte ein Geländer meinen Lauf. Ich stieg darüber. «Betreten bei Schnee u. Eis auf eigene Gefahr», stand auf einem viereckigen Schild. Julia hätte sicher abgeraten ... Ach, Julia, das ganze Leben geschieht auf eigene Gefahr!

Stufen führten hinab. Gestrüpp, Gesträuch. Schwarz glänzte der Kanal. Ich drehte mich noch einmal um. Ein dunkler Vogel kam angeflattert. Die Schöße seines Mantels, Schwanzflügel, flatterten. Er rief meinen Namen. Aber ich ging weiter.

Das Wasser klirrte. Es sprang auf unter meinem Schuh. Es stieg empor. Eine eisige Fontäne. Die staunenden Pfiffe der Wasserratten. Sei getrost, Julia, ich bin's ...

Da packte es mich mit Macht am Kragen!

Aus seinem Gepäckschließfach hatte Mario mir trockene Hosen, Unterhosen und Socken gegeben. Wir saßen nebeneinander, und ich musste mir bibbernd sein Gezeter anhören: «Sonst geht es dir ‹danke›, wat! Erst drehst du mir deine Töle an, und dann willste dir aus dem Staub machen. Nich mit mir, du»

«Hundesteuer ist bezahlt», versuchte ich mich zu verteidigen. Ich zitterte. «Na prima», sagte Mario und nickte wütend, «dann is ja allet prima!»

Am nächsten Morgen, es war der erste Weihnachtsfeiertag, wurde ich von Kaffeeduft wach ... Mario hatte mir vom Kiosk einen Becher mitgebracht.

Er fragte mich, ob ich wieder o.k. sei. Die ganze Nacht über hätte ich irre phantasiert – von «Einsatzkräften» und «erhöhter Wachsamkeit». Einmal sei der Satz gefallen: «Jeder Fluchtversuch muss im Ansatz vereitelt werden!»; dann wieder, undeutlich, sei von der Abriegelung des gesamten Bahnhofs, ganz Westberlins die Rede gewesen, letzteres lallend – «Sag mal, Vertriebsleiter, kommst du vielleicht aus'm Knast?»

«Nee», sagte ich und fügte leise hinzu – «ich komme von drüben.»

«Ach so.» Mario nickte. Er trank seinen Kaffee aus. Dann stand er auf. Er musste los.

Vor Jahren, so hatte er mir beim Frühstück erzählt, war er in Berlin «hängengeblieben». Sein Geld verdiente er damit, die vor dem Bahnhof herumirrenden Autofahrer in frei gewordene Parklücken einzuweisen, die Fahrer daran zu erinnern, ihre Parkscheiben richtig einzustellen («Heute kontrollieren sie wieder!»), worauf er dann eine Mark oder zwei abkassierte, um sich sodann – wie ein Ordnungshüter, mit erhobenem Arm – dem nächsten der im Schritttempo heranrollenden Autos zuzuwenden.

Auch ich hatte zu tun! Nach dem Fehlschlag vom Vorabend richteten sich all meine Hoffnungen auf diesen Vormittag. Es war jetzt halb acht. Sollte es in Julias Leben noch Überreste irgendeiner Ordnung geben, so war es absolut unvorstellbar, dass sie diesen, jahrzehntelang feststehenden Termin – über dessen Einhaltung es oft genug zwischen uns zum Streit gekommen war – vergessen haben könnte: erster Weihnachtsfeiertag, Gänsebraten bei Julias Mutter («bei Mutti») in Magdeburg …

Starker Ausreiseverkehr an diesem Vormittag! Es war einfach schwierig, die Übersicht zu behalten. Vorsorglich entschloss ich mich, Freitag von der Leine loszumachen. So konnte er gegebenenfalls selbst die Ausreißerin stellen.

Die Frühzüge (7.48 Uhr, 8.37 Uhr, 9.07 Uhr und 9.48 Uhr) rollten uns ergebnislos davon. Danach gab es eine längere Pause – der Zug 10.37 Uhr verkehrte am 25. 12. nicht. Meine letzte Hoffnung ruhte jetzt auf dem IC 503! Der ging 11.07 Uhr – da wäre Julia 12.27 Uhr in Magdeburg, das könnte sie schaffen, vom Bahnhof bis zu Julias Mutter war es ja nicht weit, eine Viertelstunde vielleicht, höchstens …

Auch diesen Zug, meine letzte Hoffnung, hatte ich schließlich fahren lassen müssen!

Verlassen standen Freitag und ich, nebst weggeworfenen Werbebeilagen und zerdrückten Fanta-Büchsen, auf dem leeren Bahnsteig. Langsam stiegen wir die Treppe zur Haupthalle hinunter. Das Einzige, an das ich mich nun noch klammern konnte, war die verschwundene BahnCard. Und die Reisetasche! Gut, Julia war mir möglicherweise entwischt. Aber da musste sie eines Tages ja auch wiederkommen. Natürlich, sie kommt wieder …

«Die da vielleicht!?» johlten die andern, als sie mich sahen.

Sie zeigten auf eine junge Frau, die den Wagenstandsanzeiger studierte.

Freitag knurrte, ich schwieg. Ich bereute es, ihnen überhaupt etwas gesagt zu haben. Auch an den folgenden Tagen zogen sie mich immer wieder damit auf: «Na, haste schon deine Traumfrau jefunden?» Auch gefiel mir nicht, dass sie mich nach wie vor

«Vertriebsleiter» nannten, obwohl ich ihnen schon mehrfach meinen richtigen Namen gesagt hatte. Außerdem war ich ja im Urlaub! Aber da lachten sie bloß unverschämt.

Nur mit Mario ging es besser. Schließlich ging der einer geregelten Beschäftigung nach, da hatte er gar keine Zeit, sich dumme Gedanken zu machen, sich das Maul über andere zu zerreißen. Seine Hose hatte er mir als Dauerleihgabe überlassen. Das war gut, als Tarnkleidung. Sie war am linken Knie etwas eingerissen und unten, an den Hosenbeinen, ausgefranst. Auch mein Gesicht war jetzt ganz unter einem Bart verschwunden.

Sicher, es wäre zu viel gesagt, wenn ich behaupten würde, dass der Bahnhof ein zweites Zuhause für mich geworden wäre. Allmählich aber gewöhnte ich mich an das Bahnhofsleben. Ich kannte die Stellen, wo es am wärmsten war, wo es nachts am wenigsten Zugluft gab. Kamen Polizisten, spielte ich die Rolle des Wartenden. Aber, das musste ich nicht spielen – ich wartete ja wirklich! Also ließ ich die Kontrollen nachsichtig über mich ergehen.

So gingen die Tage dahin, ohne dass sich Besonderes ereignet hätte. So ging das Jahr zu Ende.

Am Silvesterabend saßen Mario und ich in einer Ecke. Draußen böllerte und knallte es. Jahresende, Zeit für gute Vorsätze. Ich dachte an eine Person mit J.

Die Glocken der Gedächtniskirche schlugen zwölfmal.

Ich wartete den letzten Schlag ab, ließ noch einen Moment verstreichen, dann sagte ich zu Mario: «Im nächsten Jahr gewöhne ich mir das Rauchen ab.»

«Na, mal sehen», sagte Mario grinsend.

Ich zog langsam meine Zigarettenschachtel aus der Manteltasche, nahm eine Zigarette heraus, hielt sie hoch ins Licht, betrachtete sie von allen Seiten – und zündete sie mir feierlich an.

Mario sah mich groß an. Mit der Hand machte er eine Scheibenwischerbewegung vor seiner Stirn.

Ich blies ihm den Rauch entgegen – «Im *nächsten* hatte ich gesagt. Du musst schon zuhören, mein Freund.»

Wir tranken noch einen kleinen Versöhnungsschluck, worauf wir uns dann aber bald schlafen setzten.

Am Neujahrsmorgen erwachte ich zeitig. Mario schlief noch. Ich zog ihm die heruntergerutschte Decke über die Schulter. Dann packte ich meinen Kram.

Auf dem Bahnhofsvorplatz war es eiskalt.

Drüben, im Osten, ließ sich schüchtern die Sonne blicken. Dass die sich das überhaupt noch traute … Immerhin, sie war schamrot!

Ich zog Freitag an der Leine. «Na los, komm schon!»

Komm.

Text und Interpretation

Vor der Lektüre: Annäherung an den Roman

Um auf die Lektüre des Romans einzustimmen, sollen die folgenden Aufgaben schriftlich bearbeitet werden. Sie können die Aufträge in Partnerarbeit oder in Kleingruppen erledigen.

a)

Mann (45) arbeitslos – Frau (40) berufstätig – keine Kinder

Verfassen Sie einen tabellarischen Tagesablauf des Mannes an einem normalen Werktag.

b)

> Endlich, endlich! Mein *Hallo-Berlin*-Wochenhoroskop hatte grünes Licht gegeben! […]
> *Liebe:* Rosige Zeiten sind in Sicht. Das Glück läuft Ihnen nun nach. Sie erleben eine unvergessliche Woche.
> *Beruf:* Ein Plan entwickelt sich etwas ungewöhnlich. Kein Grund zur Beunruhigung. Treffen Sie Entscheidungen jetzt!
> *Allgemeines:* Bleiben Sie gelassen. Durch überlegtes Handeln können Sie gewinnen. Es kann nur besser werden! […]
> Eigentlich wollte ich dieses wurstige *Hallo-Berlin*-Anzeigenblatt nicht mehr lesen. Ich schlug es nur wegen des Horoskops auf. Die Sterne lügen nicht! (Das können sie nämlich gar nicht; sie wissen ja auch nicht, was die Wahrheit ist …) Ohne abergläubisch zu sein, hatte ich aber bisher durchaus immer etwas Wahres in meinem Wassermann-Horoskop gefunden, oder anders: richtig falsche Tipps gaben sie einem im Grunde genommen nie. Damals überzeugte mich vielleicht Punkt 1 (Stichwort *Liebesleben*) etwas weniger – dafür aber umso mehr die Punkte 2 und 3, wobei letzterer *(Allgemeines)* geradezu speziell auf mich zugeschnitten zu sein schien.

Formulieren Sie drei Konsequenzen, die der Leser aus diesem Horoskop ziehen könnte.
Entwerfen Sie ein Horoskop für das Hallo-Andersstadt-*Anzeigenblatt mit den drei oben genannten Rubriken.*

c)

Wenn Sie auf 5000,– DM und mehr im Monat verzichten können, brauchen Sie nicht weiter zu lesen!
Die Firma *Panta Rhein* vertritt seit Jahren erfolgreich einen eingeführten Markenartikel und sucht für den Vertrieb Raum Berlin/Brandenburg einen engagierten Vertreter. Voraussetzungen: Fahrerlaubnis (Führerschein Kl. 3) und Einsatzbereitschaft; Erfahrungen im Vertreterbereich wünschenswert, aber keineswegs Bedingung.

Verfassen Sie eine Antwort/Bewerbung auf diese Kleinanzeige.

d)

Zimmerbrunnen Sydney

in Form einer Lotusblüte

rotierende Glaskugel

Inklusive Wasserpumpe und Farbwechsler in den Farben grün, gelb, rot und blau

Höhe ca. 21 cm,
Durchmesser ca. 22 cm

Material aus Polyresin u. Kunststoff

Preis: 25,90 €

Gestalten Sie aus dem obigen Bild- und Textmaterial eine Werbeanzeige.
Sammeln Sie Verkaufsargumente für einen Vertreter.
Informieren Sie sich über das Vorkommen von derartigen Zimmerbrunnen im heutigen Warenbestand von Kaufhäusern.

Während der Lektüre: Lese- und Verstehenshilfen

Um das Textverstehen zu erleichtern, sollen bestimmte inhaltlich-thematische Aspekte aufbereitet werden, zunächst das politisch-historische Umfeld der DDR, der erste Aktionsraum des Romans.

Perspektiven auf die ehemalige DDR

«Wessi»/ «Ossi»	Person	Aussagen, Handlungen, Gedanken	Textstelle im Roman
W	Firmenchef Boldinger	1. Eindrücke vom Herbst 1989 2. Hat Lobek dunkle Punkte in der Vergangenheit? 3. War Lobek in der Partei? 4. «sie wollten sich etwas schaffen» 5. «östliche Ruhe und meditative Kraft» 6. Verständnis für Lobek und seine Landsleute 7. ...	S. 22 S. 24 S. 24 S. 24 S. 36 S. 86/87
W	alte Dame aus Dahlem	1. «sie sind von drüben?» 2. ...	S. 76
W	Kollege Strüver	1. Erstaunen über die KWV-Kundenlisten 2. spielt den westlichen Experten 3. interessiert sich für Sitten und Gebräuche der Ostdeutschen 4. «das war ja kein Leben bei euch» 5. «Warst du bei der Firma?» 6. ...	S. 49 S. 70 S. 70/71 S. 79/80 S. 80 u. 92
O	Hinrich Lobek	1. «Ich liebe meine Heimat, die DDR?» 2. «Was war es, was wir die ganze Zeit getrieben haben?» 3. «früher im Sozialismus» 4. «Vor-leben» 5. Auseinandersetzung mit den Theorien des Marxismus-Leninismus 6. ...	S. 38 S. 80 S. 92 S. 98/99 S. 100/101
O	Julia	1. «Auf der Suche nach der verlorenen Zeit» als Pflichtlektüre für alle Ex-DDRler 2. «unser bisheriges Leben war nur eines auf Probe» 3. ...	S. 22 S. 26
O	Werner Janowski	1. «hielt mit uns eine Art Parteijahr ab» 2. ...	S. 66

Analysieren Sie die angegebenen Textstellen und stellen Sie dar, welche Einstellung die jeweilige Person gegenüber der ehemaligen DDR an den Tag legt.
Finden Sie weitere Passagen, die Aufschluss über das Verhalten der jeweiligen Person geben.

Hinrich Lobek – ein «Wanderer zwischen zwei Welten»

Gestalten Sie eine Wandzeitung, die Gegensätze zwischen der DDR und der BRD anhand spezifischer Merkmale, die im Roman angesprochen werden, veranschaulicht. Ziehen Sie womöglich plakatives Werbematerial und passende Bilder heran.
Diskutieren Sie, inwieweit man Lobek einen Grenzgänger, einen «Wanderer zwischen zwei Welten» nennen könnte.

Hinrich Lobek und die alte DDR	**Hinrich Lobek und das neue wiedervereinigte Deutschland**
Protokollbuch Abwicklung KWV-Zeit (Mietverzeichnisse, Kundenlisten) Mietshaus am Prenzlauer Berg mein altes Heimatland Pionierlied «Überall, wohin man schaut, wird aufgebaut» «Wach auf, Verdammter dieser Erde» «Dunkle Punkte in der Vergangenheit» «in der Partei» die «alte Firma» = Stasi? «östliche Ruhe und meditative Kraft» «Ich liebe meine Heimat, die DDR» «auf der Suche nach der verlorenen Zeit» Vaterländischer Verdienstorden in Silber «Parteilehrjahr» «Auferstanden aus Ruinen» Modell ATLANTIS = DDR-Nostalgie Kugelschreiber in Form des DDR-Fernsehturms in Ostberlin «Berlin – Hauptstadt unserer Republik» Karl-Marx-Stadt «DDR-Heimatvertriebenen-Verband» FDJ-Hemden Spreewälder Senfgurken früher nur Regierungskriminalität Vor-Leben im Bücherregal: 12 Bände Marxismus-Leninismus «drüben im Osten»	HALLO-BERLIN Wochenhoroskop Tätigkeit als Vertreter ARD und ZDF drei Jahre Arbeitslosigkeit Neubauwohnung neuer Straßenname Sparkasse wird Bank «Westschrippen» «luftige Westbrötchen» weißer Firmen-Passat «Studio Manuela» im Supermarkt Lobek als der neue Mensch unter Pennern am Bahnhof

Diskutieren Sie in diesem Zusammenhang, warum der Verfasser dem Roman den Untertitel «Ein Heimatroman» gegeben hat.

«Heimatroman» definiert Otto F. Best in seinem «Handbuch der literarischen Fachbegriffe» (1994) als «Roman, der dörfliches Leben harmonisierend-idyllisierend, d. h. unter Aussparung der Lebensprobleme mod. Zivilisations- u. Industriewelt, schildert; meist der [...] Trivialliteratur zuzurechnen.»

Redevorlagen und Schreibanlässe

Nutzen Sie die folgenden Anlässe für eine mündliche (z. B. Stegreifrede) oder schriftliche Textproduktion.

Neue Namen

Hinrich Lobek kehrt von einem Einkauf zurück und entdeckt beim Einbiegen in seine Straße, dass diese nicht mehr Karl-Marx-Straße sondern «Straße der deutschen Einheit» heißt. Lobek schüttet sein Herz in einer längeren Rede aus, deren Zuhörer einzig Hund Freitag ist: Er fühlt sich von den Vorgängen überrollt, ausgelaugt und angewidert.

Neuer Start

Lobek kehrt von der Jahresversammlung der Außendienstmitarbeiter von PANTA RHEIn in Bad Sülz zurück und steht noch ganz unter dem Eindruck des Vorgefallenen. Er versucht seiner Frau Julia zu erklären, warum dies möglicherweise ein Wendepunkt in seinem Leben gewesen sein könnte.

Neue Methoden

Lobek erklärt seinem Zahnarzt die Notwendigkeit bzw. Sinnhaftigkeit der Anschaffung eines Zimmerspringbrunnens Marke Jona für dessen Wartezimmer. Beachten Sie dabei das im Mitarbeiter-Training Gelernte.

Neue Freunde?

Lobek auf dem Hauptbahnhof (mit Hund und Pudelmütze), es ist Weihnachten, hält eine kleine Ansprache an die Penner, in der er sein Leben erzählt, sich über den aufreibenden West-Kapitalismus und die gemütliche DDR-Zeit äußert.

Neuer Anfang?

Schreiben Sie Lobeks Abschiedsbrief an Julia, nachdem er beschlossen hat, für unbestimmte Zeit mit Hund und Rucksack das Land zu bereisen. Er legt darin seine Beweggründe für sein Tun und Lassen dar.

Rollenspiel: Vertreterschulung

Spielen Sie auf der Basis der folgenden Rollenkarten das Verkaufstraining im 2. Kapitel (S. 27–34) nach.

Rollenkarte Verkaufs- und Projektleiter Strüver

Sie sind mittelgroß und tragen das Haar zum Pferdeschwanz zusammengebunden.
Sie arbeiten seit mehr als zehn Jahren bei PANTA RHEIn, Ihre ersten Jahre im Außendienst (als Vertreter) waren so erfolgreich, dass Sie in der Firma rasch den Aufstieg schafften. Jetzt trainieren Sie die Vertreter in Verkaufsstrategie, Psychologie und Marketing, leiden jedoch unter der oftmals fehlenden marktwirtschaftlichen Kenntnis Ihrer Vertreter. Sie sind aktiv, bestimmend und dominant.
Sie wissen, wie der Hase in der Zimmerspringbrunnenbranche läuft, und Sie zeigen dies Ihren Untergebenen. Der Kunde ist für Sie bloßes Jagdobjekt, das Sie mit Ihrem Verkäufertalent erlegen wollen. Für Sie gibt es kein Vielleicht und kein Nein: Jeder braucht einen Zimmerspringbrunnen und jeder kauft einen Zimmerspringbrunnen.

Rollenkarte Vertreter Nöstich

Sie sind etwa im gleichen Alter wie Strüver, leider noch immer in der Vertreterposition. Sie sind aktiv und gelehrig, dennoch lässt die hoffnungsvoll erwartete Beförderung noch auf sich warten.
Ihre Verkaufszahlen liegen noch in der vorgegebenen Quote, trotzdem könnten es ein paar mehr sein. Das würde sich gut in Ihrem Personalbogen zu Buche schlagen.
Sie wissen, dass Strüver die unangefochtene Nummer eins in der Vertreterabteilung ist, ihn zu beeindrucken ist die wichtigste Sprosse auf der Karriereleiter der Firma PANTA RHEIn. Beim Kunden verhalten Sie sich strikt nach Strüvers Fahrplan, Sie befolgen seine Anweisungen auf das Genaueste, versuchen mit aller Kraft die Nummer zwei der Firma hinter Strüver zu werden.
Sie verkaufen Zimmerspringbrunnen nicht aus Leidenschaft, sondern aus Ihrem Kalkül heraus: Die Zeit ist reif für Sie und mit viel Engagement nehmen Sie ihre Karriere in die eigene Hand.

Gestalten Sie dazu noch eine Rollenkarte «Vertreter Filzbach». Nutzen Sie zur Charakterisierung die Seiten 26–33.

Nach der Lektüre: Aspekte der Interpretation

In diesem Abschnitt sollen die Thematik und Motivik, Struktur und kompositorische Anlage des Romans beleuchtet werden.

Der politisch-historische Aspekt

Diskutieren Sie anhand mehrerer selbst gewählter Textauszüge, inwieweit der Roman als Schelmenroman bzw. als Spiegel der historisch-politischen und der Alltagswirklichkeit der DDR anzusehen ist.

Beim Durchlesen von Handbüchern und Literatur-Lexika findet man folgende Definitionen des Schelmenromans:

> Der **Schelmenroman** ist eine Form des Abenteuerromans, in dessen Mitte die Gestalt des «Picaro» (span.: Spitzbube) steht. Er schlägt sich mit allen erlaubten und unerlaubten Mitteln, List und Betrug, Lügen und Schlichen, gerissen durchs Leben. Gemeinsam ist den Schelmenromanen die Fülle von Schauplätzen, Figuren und Episoden als Darstellung einer vielfältigen, bunten Welt.
>
> Bestimmte formale und inhaltliche Merkmale tauchen auch in den meisten späteren Schelmenromanen wieder auf:
> - Der Schelm ist sein eigener Erzähler. Er erzählt sein Leben in der Ich-Form.
> - Er erzählt sein Leben rückblickend aus der Warte eines weise gewordenen Beobachters, der die Wechselfälle des Lebens hinter sich hat, der für seine Fehler gebüßt hat, der seine eigene Lebensgeschichte anderen zur Warnung und Erbauung erzählt.
> - Die Lebensgeschichte beginnt mit der Geschichte der Eltern und den frühen widrigen Lebensumständen, die ihn prägten und vorbelasteten. Meist aus Not verlässt er das Elternhaus und will sich auf eigene Faust durchschlagen. Bald erkennt er, dass er in der ihm feindlichen Welt allein steht. Er verdingt sich nacheinander bei mehreren Herren aus allen Gesellschaftsschichten, bis er deren kleine und große Betrügereien durchschaut und auf «eigene Rechnung» zu leben beginnt. Da er es mit Recht und Gesetz nicht so genau nimmt, landet er schließlich entweder im Gefängnis oder zieht sich aus der Welt zurück. Als so «Geläuterter» lässt er sein Leben nochmals Revue passieren.

Ulrike Bremer (siehe Literaturverzeichnis) behauptet, Hinrich Lobek erinnere an «Till Eulenspiegel, der durch allzu direktes Wörtlich-Nehmen Aussagen in ihrem Sinn verkehrt» (S. 208).
Suchen Sie dazu Belege im Roman.
Beziehen Sie dabei auch die Frage mit ein, ob der Roman die Verhältnisse in der damaligen DDR nostalgisch verklärt («Ostalgie»).

Ostalgie bezeichnet die Rückbesinnung auf Dinge aus dem Alltagsleben in der ehemaligen DDR.
Der Begriff entstammt einem Wortspiel aus Osten und Nostalgie und wird an sich ohne feste positive oder negative Konnotation verwendet. Manche *Ostalgiker* empfinden es aber als abwertend, wenn ihre Ansicht so bezeichnet wird.
Die Ostalgie wurde unter anderem durch einen Identitätsverlust in Ostdeutschland nach der Wiedervereinigung beider deutscher Staaten ausgelöst.
Ein typisches Beispiel für Ostalgie sind die so genannten Ostalgie-Partys, auf welchen Erich-Honecker-Doubles auftreten, DDR-Musiktitel gehört und DDR-typische Lebensmittel verzehrt werden (z. B. Club Cola). Träger von FDJ-Hemden kommen oft vergünstigt oder kostenlos auf diese Partys. Außerhalb solcher Veranstaltungen macht sich Ostalgie z. B. im Fahren eines Trabbis, im Hören von DDR-Musik oder im Tragen von Kleidungsstücken mit DDR-Motiven bemerkbar. Ein Maskottchen der Ostalgiker ist das Ampelmännchen, das es auf T-Shirts, Kappen, Taschen, Lampen so wie als Fruchtgummis und vielem mehr zu kaufen gibt ...

http://de.wikipedia.org/wiki/Ostalgie

Eine Schülerarbeit zum Thema

Die folgende Schülerarbeit versucht die politische Thematik in der Figur des Hinrich Lobek und seiner persönlichen Entfaltung nach der Wiedervereinigung zu spiegeln.

Führen Sie die These: «Die Wiedervereinigung als Chance der Weiterentwicklung der Persönlichkeit» argumentativ weiter. Achten Sie auf eine korrekte Zitierweise und suchen Sie den Höhepunkt der persönlichen Weiterentwicklung Hinrich Lobeks.

In der nun folgenden Ausführung soll die Entwicklung Hinrich Lobeks, der Hauptperson des Romans «Der Zimmerspringbrunnen» als Modell einer beruflichen Karriere im wiedervereinigten Deutschland dargestellt werden.
Für Hinrich Lobek bricht mit der DDR auch das gewohnte Leben zusammen. Als Angestellter der Kommunalen Wohnungsverwaltung in Berlin geht er zu DDR-Zeiten einem geregelten Beruf nach, gleichzeitig führt er mit seiner Frau Julia eine glückliche Ehe mit vielen gemeinsamen und romantischen Erlebnissen.
Die Arbeitslosigkeit Hinrichs wirkt sich auf dessen Gemüt äußerst negativ aus, Hinrich wird immer verschlossener und schweigsamer

und neigt zu Depressionen. Seine erfolglosen Bemühungen um einen neuen Arbeitsplatz fasst Hinrich in aller Deutlichkeit zusammen: «Alle meine Versuche, draußen, im feindlichen Leben Fuß zu fassen, waren bis dahin ja erfolglos geblieben. (…) Tagsüber, wenn Julia im Büro war, hatte ich mich bei verschiedenen Firmen telefonisch auf Stellenangebote hin gemeldet. Nach einer Weile aber, es genügte ja schon, dass ich auf Nachfrage mein Alter angab, hatte ich das Gefühl, einfach abgehängt zu werden.» (S. 10)
Hinrichs Situation verschlechtert sich zusehend, er verlässt kaum noch das Sofa, sein einziger Lebensinhalt ist die Pflege der Zimmerpflanzen und die Versorgung seines Hundes. Hinrichs Passivität findet jedoch ein rasches, wenn auch ungewolltes Ende. Eher zufällig und ohne größere Erwartungen füllt er auf eine Annonce der Firma PANTA RHEIn ein Bewerbungsschreiben aus, die notwendigen Qualifikationen für den Job als Vertreter erfindet er einfach hinzu. Auf einem ersten Seminar im Schwarzwald macht Hinrich erste positive Erfahrungen in der Vertreterbranche und erweist sich beim Verkaufstraining als einfallsreich und innovativ, was selbst dem PANTA RHEIn Chef Boldinger auffällt. …

Erzählformen und Erzählperspektive

Erzählbericht und Protokollbuch

Zunächst sollen die zwei wesentlichen Erzählformen (Darstellungsweisen) des Romans betrachtet werden.
Die Erzählperspektive des Romans erscheint zunächst recht einfach als Erzählbericht in der Ich-Perspektive. Doch ist dieser Bericht nicht nur durch andere Textformen und Schreibweisen ergänzt und durchbrochen, sondern er tendiert von Anbeginn zur Satire, zum «melancholischen» Schelmenroman.

Belegen Sie die mehrfachen Textdurchbrechungen und Anspielungen, den satirischen Charakter des Romans und seiner Darstellungsweise an dem Textausschnitt S. 9, Z. 5–36. Skizzieren Sie zunächst den inhaltlichen Kontext des Ausschnittes.

Eine besondere Bedeutung und Funktion im Erzählgefüge des Romans besitzen die Protokolleinträge.

Untersuchen Sie, welche Wirkung die Protokolleinträge beim Leser erzielen.
Nehmen Sie Stellung zur Sprachform, zum «Stil» dieser Passagen.

Eintrag ins Protokollbuch: «Observationsobjekt J. verlässt gegen 7.15 Uhr die eheliche Wohnung (Lila Lippenstift …!)»

Eintrag ins Protokollbuch vom 13. 4.: «Infame Vorwürfe! – Julia, sehr erregt (das entschuldigt aber nichts) behauptet heute: ich würde ihr nachspionieren und – wörtlich – in ‹einem Protokollbuch (!!!)› jeden ihrer Schritte verzeichnen: Weiter, sinngemäß: wäre ich endlich ausgelastet, es wäre ein Segen für uns alle, sogar für die Blumen und den Hund.»

Als sie gegangen war, sofort Eintragungen ins Protokollbuch: «Heute, Julia in meinem Reich! – Gespräch in sachlich aufgeschlossener Atmosphäre über meine berufliche Perspektive. Dann jedoch: Warum sprichst du nicht mehr mit mir? – Beinahe wäre ich darauf hereingefallen, erkannte aber rechtzeitig. Das ist eine Fangfrage. Blieb also felsenfest ruhig. Anschließend: Beschwerden der J. über den H., der sie angeblich ausbeute usw. Meinerseits: Funkstille dazu. Wie ich überhaupt finde – dies als Fazit! –: Es ist eine Unsitte, wenn Ehefrauen bei ihrem Ehemann das suchen (Verständnis zum Beispiel), was sie bei ihrem Geliebten nicht finden. – Hugelmanns Handlangerin muss sich schon etwas anderes einfallen lassen!»

Erschließen Sie die Protokolleinträge anhand der folgenden Kurzinformation als Widerspiegelung eines bestimmten Aspekts der DDR-Realität.

Die Operative Personenkontrolle (OPK) spielte für das MfS (= Ministerium für Staatssicherheit) eine wesentliche Rolle. Laut Begriffsbestimmung des Geheimdienstes versteht man darunter die Erfassungsart gemäß Richtlinie 1/81 (aktive Erfassung auf der Grundlage einer registrierten Akte). Verdachtspersonen oder Menschen mit Kontakt zu Verdachtspersonen wurden operativ kontrolliert. Beispielsweise konnte der persönliche Kontakt zu einer als Oppositionellen erfassten Person ausreichend sein, um derartig ins Visier der Stasi zu geraten. Ebenso kontrolliert wurden Personen, die berufliche oder gesellschaftliche Positionen anstrebten – oftmals reichte der Wunsch zu studieren für eine zentrale Überprüfung aus. Das MfS bearbeitete zeitgleich Zehntausende von OPK.
Die wichtigsten Maßnahmen des MfS waren neben der Operativen Personenkontrolle der Operativen Vorgang und der für die Verhöre in der Haft beschönigend verwendete Begriff Untersuchungsvorgang.
Bei Verdacht auf staatsfeindliche oder schädliche Einstellungen konnte die Operative Personenkontrolle zu einem operativen Vorgang werden.

Verweistechnik und Intertextualität

Ein anderes Kunstmittel des Erzählens im «Zimmerspringbrunnen» sind die zahlreichen Anspielungen, Verweise, offenen und verborgenen Zitate, also die so genannte «Intertextualität».
«Intertextualität» bedeutet, dass jeder Text nicht für sich steht, sondern im Kontext anderer Texte. Dies kann in einer Art Dialog geschehen, in Stil-Kopien und -Persiflagen, oder auch durch offengelegte oder verborgene Zitate.

Analysieren Sie die folgenden intertextuellen Stellen aus dem Roman und erschließen die jeweilige Funktion (z. B.: Verbildlichung der Handlung auf zweiter Ebene, Verzerrung, Ironisierung, Kontrastierung)!

Seite	**Zitat/Textverweis**	**Textbezug**	**Funktion**
S. 5	«Nur die Oberflächlichen kennen sich gründlich»	Oscar Wilde	
S. 5	Wochenhoroskop	HALLO-BERLIN	
Z. B. S. 66	Atlantis	Ein Inselreich, das der antike griechische Philosoph Plato als erster erwähnte und beschrieb. Nach einem gescheiterten Angriff auf Athen sei Atlantis schließlich in Folge einer Naturkatastrophe innerhalb «eines einzigen Tages und einer unglückseligen Nacht» untergegangen.	
Z. B. S. 7	Panta Rhein(n)	Formel (griechisch *πάντα ῥεῖ*, «alles fließt») nach dem griechischen Philosophen Heraklit (um 550–480 v. Chr.) und der so genannten Flusslehre: *Alles fließt und nichts bleibt; es gibt kein eigentliches Sein, sondern nur ein ewiges Werden und Wandeln.*	
S. 21	«Aufsteigt der Strahl ...»	C. F. Meyer, Der römische Brunnen	

Seite	Zitat/Textverweis	Textbezug	Funktion
S. 23	Modell JONA	Prophet Jona (biblische Figur)	
S. 35	«Wer wagt es, Rittersmann ...»	Ballade von Friedrich Schiller: Der Taucher	
S. 40/41	«Auf der Suche nach der verlorenen Zeit», «das Buch eines Franzosen»	Marcel Prousts Romanwerk	
S. 39		Studienhefte einer Vertreterratgeberreihe	
S. 47	«Ich will. Ich kann! Ich werde!»	Nikolaus B. Enkelmann, Psycho-Trainer (Institut für Rhetorik, Management und Zukunftsgestaltung)	
S. 61	Kreuzworträtsel	WOCHENPOST	
S. 48	«Wach auf, Verdammter dieser Erde»	«Internationale»	
S. 73	A.I.D.A.	Verkaufsstrategie für Vertreter – zugleich versteckte Anspielung auf die Oper «Aida» von Verdi	
S. 100 f.		12-bändige Ausgabe der Klassiker des Marxismus	
S. 104	«Robinson-Club», Hund «Freitag»	Daniel Defoe, Robinson Crusoe	
S. 107	«Seid getrost, ich bin's, fürchtet euch nicht!»	NT, Matthäus 14	

Die erzählerische Motivik und Symbolik im Roman

Den Roman gliedern bestimmte Themen und Motive, die den Erzählablauf anhalten und ihm eine bestimmte Tiefendimension verleihen. Die erzählerischen Symbole, insbesondere das Titelsymbol des Zimmerspringbrunnens, stellen so etwas wie Vernetzungspunkte im Erzählganzen dar.

Der Autor Jens Sparschuh hat das Symbol «Zimmerspringbrunnen» in einem Interview so gedeutet:

Erstens: Der Zimmerspringbrunnen ist nicht unbedingt nützlich. Er steht als Symbol für manches, was nach 1990 über uns gekommen ist. Manche Dinge sehen schön aus, aber über den Gebrauchswert lässt sich streiten. Der Westen hatte in der DDR stets die Aura des Unerreichbaren. Das hatte sich für viele dann schnell entzaubert, als sie es kennen lernten. Dazu kam, zweitens, dass es Zimmerspringbrunnen im Osten und im Westen gab. Im Osten waren das ziemlich klägliche tropfnasse Objekte und im Westen superschicke Modelle für mehrere tausend Mark. Trotzdem hatten sie etwas Verbindendes – egal auf welcher Seite der Grenze: Die Brunnen waren hier wie dort potthässlich. Im Westen nur eben: vollkommen – vollkommen hässlich.

Analysieren Sie, wie der Symbolcharakter des Zimmerspringbrunnens noch durch die Namensgebung der Modelle («Vineta», «Waldeinsamkeit», «Wasserfrosch», «Jona» und «Atlantis») verstärkt und durch das Gedicht von Conrad Ferdinand Meyer (S. 21) überhöht wird.

Stellen Sie anhand der folgenden Textstelle die symbolischen Konnotationen zusammen und erläutern Sie deren satirische Färbung.

Wie auch immer. Das Nachdenken führte zu nichts.
Vor mir stand das unbrauchbare JONA-Modell. Und da ich es nicht länger untätig anstarren konnte, zog ich mir meinen blauen Arbeitskittel über, öffnete den Werkzeugschrank und begann mit der Arbeit. Wenn man nicht weiß, was man machen soll, muss man etwas tun.
Später bin ich oft gefragt worden, wie ich damals auf meine Idee gekommen bin, ob vielleicht «Auferstanden aus Ruinen» mich inspiriert hätte? Ich weiß es nicht. Ich konnte es nie genau sagen.
Beim Heimwerker arbeiten die Hände! Der Kopf, als stiller Beobachter, kann von seiner hohen Warte aus dem Treiben der Hände nur staunend folgen. Die Form selbst will Gestalt annehmen. Und ist erst einmal der erste Schritt in eine bestimmte Richtung getan, folgen die anderen wie von selbst. Man gerät in einen wohltuenden Sog der Zwangsläufigkeiten.
So musste ich etwa, wegen des gekürzten Zuleitungsschlauches, auch den Fernsehturm, der jetzt das Zentrum bildete, ein Stück kürzen. Ich sägte ihn, bevor ich ihn wasserfest aufklebte, unterhalb der Kuppel ab. Dadurch wurde er zum Kegelstumpf, was wiederum den Gedanken nahelegte, um ihn herum eine Vulkanlandschaft entstehen zu lassen.
Und so weiter. – Ich deute das nur an, um zu zeigen, dass im Schaffensprozess auch Zufälliges mit im Spiel war.
Ebenso war es beim Namen. Als ich, spät nach Mitternacht (Freitag, der Sünder, schlief schon längst), den ersten Probelauf durchführte, wusste ich sofort: Es muss ATLANTIS heißen. (Vgl. S. 66)

Neben anderen Aspekten und möglichen Lesarten lässt sich der Roman als Geschichte einer Beziehungskrise, der zwischen Lobek und Julia lesen.

Diskutieren Sie die Frage: «Wer ist Schuld am Scheitern dieser Beziehung?»
Erstellen Sie dazu zunächst ein Personenporträt der beiden Protagonisten Lobek und Julia.

Unter den erzählerischen Motiven spielt das Thema der Arbeitslosigkeit und ihrer psychischen Folgen eine wichtige Rolle. Hinrich Lobek verfällt geradezu in Sprachlosigkeit und scheint die Fähigkeit zur Kommunikation verloren zu haben.

Gestalten Sie ein Wandplakat mit dem Titel «Hinrich Lobek und seine Unfähigkeit zu kommunizieren» unter Einbeziehung der folgenden Textstellen aus dem Roman:

S. 10/11	(«ich wurde immer schweigsamer»)
S. 15	(in der Boutique Avantgarde)
S. 23/24	(Gespräch mit Boldinger)
S. 35/36	(Verkaufssituation)
S. 39 und 44–46	(Gespräche mit Julia)
S. 57/58	(Vertretergespräch mit Frau Windisch)
S. 102	(«Words are very unnecessary»)

Setzen Sie sich mit der Aussage von Ulrike Bremer (siehe Literaturverzeichnis) auseinander, die behauptet, Lobek sei «das Beispiel eines DDR-Bürgers, dem sprachlich und emotional der Wechsel in die neue Gesellschaft nicht gelingt» (S. 208).

Diskutieren Sie die Frage, ob am Ende die Schwierigkeit des Vereinigungsprozesses nur eine Problematik der Sprache sei.

Aufgaben zur schriftlichen Ausgestaltung

Gliederung zum Thema: Stellen Sie die Entwicklung des Hinrich Lobek aus Jens Sparschuhs «Der Zimmerspringbrunnen» als Modell einer beruflichen Karriere im wiedervereinigten Deutschland dar! (Ergebnis einer Schüler-Gruppenarbeit)

A) Die Wiedervereinigung Deutschlands als Wendepunkt für deutsche Einzelschicksale
B) Die Entwicklung des Hinrich Lobek aus Jens Sparschuhs «Der Zimmerspringbrunnen» als Modell einer beruflichen Karriere im wiedervereinigten Deutschland

I. Die «Wende» als Endpunkt des gewohnten Lebens
   1. Hinrich als Angestellter der Ostberliner Kommunalen Wohnungsverwaltung
   2. Hinrich als Bürger der Deutschen Demokratischen Republik
   3. Die glückliche Beziehung zwischen Hinrich und Julia

II. Die «Wende» als Zeitpunkt des Stillstandes
   1. Der Arbeitslose Hinrich Lobek
   2. Auswirkungen der Arbeitslosigkeit auf die Ehe von Hinrich und Julia

III. Die «Wende» als Beginn einer neuen beruflichen Chance
   1. Die Entwicklung Hinrich Lobeks als Vertreter für Zimmerspringbrunnen
   2. Der rasante Aufstieg des Hinrich Lobek zum Vertriebsleiter Ost

IV. Auswirkungen der beruflichen Karriere auf die Ehe von Hinrich und Julia
   1. Anfänglicher Optimismus
   2. Hinrichs berufliche Euphorie im Gegensatz zu seiner Beziehung
   3. Das Ende der Beziehung als gleichzeitiges Ende der beruflichen Karriere

C) Auswirkungen plötzlicher Arbeitslosigkeit auf Ehe und Familie

Vorschläge zur Literarischen Erörterung

- *Hinrich und Julia oder Das Ende einer Beziehung. Wen trifft die Schuld?*
- *Erläutern Sie die Haltung der Sprachlosigkeit und Kommunikationsverweigerung am Beispiel der Hauptperson Hinrich Lobek!*
- *Erörtern Sie, ob der Roman Ausdruck einer «ostalgischen» Sichtweise der ehemaligen DDR ist!*
- *Der Roman trägt den Untertitel «Ein Heimatroman». Erörtern Sie, inwieweit er diese Charakterisierung erfüllt!*

Der Roman in der öffentlichen Rezeption

Arbeiten Sie die folgenden Texte zur Rezeption des Romans im Sinne einer Analyse literarischer Sachtexte durch.
Belegen Sie, aus welcher Perspektive jeweils geurteilt und bewertet wird.
Nehmen Sie kritisch Stellung zu den Positionen.

Andreas Platthaus: Nun plätschert es wieder – Aufbau Ost: Jens Sparschuh installiert einen Zimmerspringbrunnen

Das Problem von Sparschuhs Buch besteht darin, dass es vor allem komisch sein will. Kein noch so alter Witz («Übrigens – ich bin der Uwe. Das macht doch nichts, wollte ich sagen.»), keine Blödelei (dem Hund wird «Expeditionen ins Tierreich» im Fernsehen verboten) ist dem Autor zu dürftig. Seine Schilderung einer Vertreterkonferenz mit den üblichen Verkaufsseminaren bedient alle gängigen Klischees vom jungdynamischen Verkaufstrainer mit Zopf über den hypernervösen, unbeholfenen Handelsreisenden bis zum patriarchalischen Unternehmer, natürlich einem alten Nazi.
Sparschuh kann gar nicht hoch genug greifen, um einen Typus zu finden, dem Lobek zu entsprechen hat, und so ist sein Held mal Robinson (und nennt seinen Hund «Freitag» – gute Güte, wie originell!), dann wieder der «letzte Mohikaner». Der erste aber versucht mit allen Mitteln, in der Einsamkeit zu überleben, der zweite steht als «edler Wilder» für ein heroisch aussterbendes Volk. Beides ist gleich weit entfernt von Lobeks Lebensplan: Er ist ein selbstmitleidiger «Nöl-Ossi» (Max Goldt), und seine DDR-Herkunft allein prädestiniert ihn noch nicht zur Rothaut. Doch nicht nur die Analogien stimmen nicht, auch Metaphern wie die «Hammerschläge auf einer Galeere» scheitern. Da hätte sich Sparschuh schon für Trommel- oder Peitschenschläge entscheiden müssen …
Als «Heimatroman», den der Untertitel verspricht, ist Sparschuhs Roman heimatlos, und auch von dem «rasanten Gesellschaftsroman», den der Klappentext verspricht, kann keine Rede sein. Zwischen zwei Buchdeckeln jedenfalls macht «Der Zimmerspringbrunnen» einen ebenso schlechten Eindruck wie mutmaßlich als Original im Wohnzimmer. Nur dass man dann das monotone Geplätscher abstellen könnte.

Frankfurter Allgemeine Zeitung, 14. 12. 1995, Nr. 291, S. 34 (gekürzt)

Heinrich Vormweg: Heimatroman mit Widerhaken – Jens Sparschuh und das deutsche Selbstgefühl in Ost und West

Es ist nicht so leicht, dahinter zu kommen, was für eine Art Hauptfigur Lobek ist. Eine orientierungslose, abgehalfterte, tranige Existenz in der ostberlinischen Masse Mensch, ist Lobek nämlich vom Autor dazu bestimmt, eine Art naiver, doch ziemlich scharfsichtiger Schelm zu sein. Und das ist er mit beträchtlichem Format. Zwar stolpert er, die totale Niederlage bei Julia vor Augen, nur ganz zufällig, ja blindlings in seinen Erfolg als Vertreter, doch er nimmt, was um ihn her vorgeht, wahr mit genauem Blick, dabei ohne Vorurteil, ohne Illusionen, ja, ohne zu urteilen, ohne den geringsten Anflug von irgendwelcher Besserwisserei.
Das Resultat ist Komik, eine unaufdringliche und verquere Komik, und wenn das auch unverkennbar Absicht und Mitgift des Autors ist, der Lobek da von sich erzählen lässt, so ist es doch angelegt in der alltäglich-kuriosen und plausiblen Figur des Ich-Erzählers selbst und ihr keineswegs von außen übergestülpt. In dem, was Lobek stolpernd und tumb und doch irgendwie helle aufrührt, scheint etwas grotesk Reales auf, und es ist keineswegs weit hergeholt, ihn einen kleineren Schwejk zu nennen, der nicht Volkes Schläue verkörpert, sondern gleichsam durch die Schule marxistischer Rationalität gegangen ist, soweit diese einst für den Hausgebrauch eingerichtet war und das noch nicht völlig vergessen hat.
Sparschuh spielt sarkastisch mit immer anderen, stets gegenwartsbewussten, auch hinsichtlich der westdeutschen Mentalität präzisen Pointen, scheint da unerschöpflich. Und dabei hält er sein Material ganz trocken, er hat es nicht nötig, seine Einfälle auszubeuten. So bleibt dem Leser bei erneuter Durchsicht des Buches immer wieder noch einiges zu entdecken und in seiner Bezüglichkeit zu reflektieren. Denn Anregung nicht zu plattem Genuss, sondern zum aufgeweckten Nachdenken ist dieser pikante Heimatroman, der dann für Lobek trotz Abstiegs in eine Art Vorhölle bei der vergeblichen Suche nach seiner Julia doch nicht so ganz und gar hoffnungslos endet.

Süddeutsche Zeitung, 7. Oktober 1995, Seite 904 (gekürzt)

Zeittafel / Werkübersicht

Jens Sparschuh

- wurde am 14. Mai 1955 in Chemnitz (damals Karl-Marx-Stadt) geboren und wuchs ab 1960 in Berlin auf.
- studierte nach dem Abitur in Halle von 1973 bis 1978 Philosophie und Logik in Leningrad und promovierte 1983 zum Dr. phil.
- war von 1978 bis 1983 Wissenschaftlicher Assistent an der Berliner Humboldt-Universität.
- veröffentlichte in der DDR u. a. Gedichte, Romane, Essays und Prosa in Zeitschriften, Zeitungen sowie Anthologien.

1987 «Der große Coup – Aus den geheimen Tage- und Nachtbüchern des Johann Peter Eckermann» (Roman)

1989 «KopfSprung – Aus den Memoiren des letzten deutschen Gedankenlesers» (Roman)

1993 «Der Schneemensch» (Roman)

1995 **«Der Zimmerspringbrunnen»**. Die Theaterversion dieser Satire über ost-west-deutsche Befindlichkeiten lief ca. zehn Jahre im Maxim-Gorki-Theater Berlin.

1999 «Lavaters Maske» (Roman)

2003 «Eins zu Eins» (Roman)

Ein Briefwechsel mit dem Autor

Lieber Herr Sparschuh! Wir sind die Klasse 10b des Christian-Ernst-Gymnasiums und haben in den letzten vier Wochen auf sanften Druck unseres Deutschlehrers den Roman «Der Zimmerspringbrunnen» gelesen. Nach Abschluss der Lektüre hat der Lehrer angedeutet, dass Sie eventuell bereit wären, Fragen zu dem Roman per E-Mail zu beantworten. Deshalb haben wir in der Klasse Fragen gesammelt, die Sie nun unzensiert und auch ziemlich ungeordnet auf diesem Blatt vorfinden. Es wäre schön, wenn Sie darauf antworten würden, wobei wir verstehen, dass manches vielleicht auch mit einem kurzen Antwortsatz abgetan sein müsste.	Liebe Schülerinnen und Schüler der 10b – herzlichen Dank für Eure Fragen. Fragen sind ja u. a. auch dazu da, dass man sie beantwortet. Also halte ich mich gar nicht erst lange mit Vorreden auf sondern fange an.
Könnten Sie uns in kurzen Worten das dem Roman vorangestellte Motto von Oscar Wilde erklären – wir haben es nämlich nicht verstanden!	Vielleicht hilft hier die Umkehrung: *Die Gründlichen kennen sich nur oberflächlich.* Denn wenn sie wirklich gründlich sind, dann werden sie ja merken, dass es da noch tiefere Schichten gibt, die sie vielleicht nie erkennen können. Die Oberflächlichen haben dieses Problem nicht. So könnte man sich, zum Beispiel, diesem Paradoxon ein wenig nähern, das natürlich – wie alle Paradoxien – bodenlos und unergründlich ist.
Gibt es für Sie «Sachen», die Sie an der ehemaligen DDR gut finden, die Sie also heute vermissen?	Wenn Ruhe eine «Sache» ist, dann wäre es die Ruhe, die mir manchmal fehlt. Was mir partout nicht fehlt: die Friedhofsruhe, die es da ja auch reichlich gab.
Welche tiefere Symbolik hat für Sie ein Zimmerspringbrunnen? Würden Sie gerne einen in Ihr Wohnzimmer stellen?	«Alles fließt». – Nein, nie!
Gab es in der DDR überhaupt den Beruf des Vertreters? Würden Sie selbst irgendetwas an der Türe kaufen?	Nein, höchstens «Vertreter» für politische Sachen, wenn man zur Wahl gehen sollte, zum Beispiel. – Ge-

	schäfte an der Haustür? Mein simpler Tipp: Die Hände bleiben in den Hosentaschen. Auf diese Weise ist es unmöglich, etwas zu unterschreiben.
Was ist an dem Roman eigentlich ein «Heimatroman»?	Dass für den Helden seine alte Heimat verschwunden ist.
Im Duden steht: «Atlantis = sagenhaftes im Meer versunkenes Inselreich». Glauben Sie, dass dieses Reich gefunden und wieder trockengelegt werden kann?	Das wäre schlecht. Atlantis ist Atlantis, eben weil man es nie findet. Eine gute Adresse für Träume.
Gab es so etwas wie das «Studio Manuela» auch in der ehemaligen DDR?	Weiß ich nicht. Eher: nein, vermute ich.
Warum kann Julia nicht mit Hinrich Lobek leben, wo sie ihn doch liebt?	So ist das eben manchmal. (Siehe: Lebenserfahrung)
Welche guten Vorsätze hat Lobek am Neujahrsmorgen, also am Ende des Romans?	Der eine Vorsatz ist etwas schlitzohrig. Sich im «nächsten» Jahr das Rauchen abgewöhnen zu wollen, nachdem der 12. Glockenschlag verklungen, das heißt dann natürlich: ein Jahr später. Der andere Vorsatz lautet: *Komm*. Da es ohne Gänsefüßchen im Text erscheint, wendet sich das nicht direkt an Freitag – eher an Julia oder an Lobek selbst, vielleicht auch an den Leser, wer weiß: ein breites Spektrum der Möglichkeiten also.
Haben Sie manchmal Anflüge von «Ostalgie»?	Nein. Aber dass ich – wie jeder Mensch – manchmal an früher denke, bleibt nicht aus. Das kann durchaus auch mit nostalgischer Wehmut sein, weil man früher eben jünger war und es, zum Beispiel, geschafft hat, mit dem Fahrrad an einem Tag von Berlin aus an die Ostsee zu fahren. Mit «Ostalgie» hat das aber nichts zu tun.
Könnten Sie über Ihren Roman einen Aufsatz mit dem Thema «Hinrich Lobek im Zimmerspringbrunnen als Modell einer beruflichen Karriere im wiedervereinigten Deutschland» schreiben – so wie wir das mussten?	Na ja, vielleicht. Ein paar Ideen hätte ich schon. Aber ob die auch richtig sind? Ich bin jedenfalls ganz froh, dass ich das nicht mehr muss.

Führen Sie auch ein Protokollbuch?	Lobeks «Protokollbuch» hat mit seinem Job zu tun. Mit meinem Job hat es zu tun, dass ich mir ständig Notizen mache: Redewendungen, Beobachtungen, auch Namen z. B. – das ist meine Materialsammlung. Es genügt ja nicht, sich nur etwas auszudenken, man braucht auch immer viel «Material», das man be- und verarbeiten kann. Bei mir ist das jedenfalls so.
Sollte man Ihren Roman überhaupt im Deutschunterricht lesen und analysieren – oder ist er dann nicht mehr unterhaltsam?	Gegenfrage: Hätten Sie diesen wunderbaren Roman auch ohne den Deutschunterricht gelesen? Der Deutschunterricht ist ja nicht nur dazu da, Deutschlehrer zu beschäftigen. Rückblickend muss ich sagen, dass mir ohne meine Deutschlehrer sehr, sehr viel fehlen würde. Zu dieser Einsicht bin ich aber auch erst später gekommen.
Gibt es Formulierungen oder Passagen in Ihrem Roman, die man als 16-jähriger im Westen aufgewachsener Jugendlicher nicht verstehen kann?	Das muss ich S i e fragen! Ich denke, wenn es um einzelne Formulierungen geht – die kann man irgendwo nachschlagen, in alten Wörterbüchern, auch im Internet inzwischen. Wenn es aber um Empfindungen geht, dann muss man sich einfach der Geschichte anvertrauen und sehen, ob es klappt. Gute Geschichten (wie Goethes *Werther*) kann man auch heute noch genau so verstehen, als wären sie gerade erst geschrieben worden.
Mit freundlichen Grüßen Klasse 10b des CEG PS.: Noch interessanter wäre es natürlich, wenn Sie einmal den Weg in unsere Stadt finden und an unserer Schule eine Vorlese-Station machen würden!	So, liebe 10b, das war's, was mir an Antworten eingefallen ist. Da haben wir ja Glück gehabt: Wenn Ihr Euch nächstens mit Goethes «Faust» zu beschäftigen habt, wird es sicher ein klein bisschen komplizierter mit der Kontaktaufnahme zu Goethe. Aber versucht es trotzdem mal! Herzlichen Gruß aus Berlin von Jens Sparschuh 13. Nov. 2006

Literaturnachweise

Primärliteratur:

Jens Sparschuh, Der Zimmerspringbrunnen. Ein Heimatroman. Köln (Kiepenheuer & Witsch) 1995.
Taschenbuchausgabe: München (btb) 1997; erneut 2001
Lizenzausgabe für die Büchergilde Gutenberg, Frankfurt/Main 1996

Hörbuch: Regie: Dagmar Ponto. Gelesen von Ingo Meyer. München: Der Hör-Verlag, 1996; 4 MCs.

Sekundärliteratur:

Ulrike Bremer, Jens Sparschuh: Der Zimmerspringbrunnen. In: diess.: Versionen der Wende. Eine textanalytische Untersuchung erzählerischer Prosa junger deutscher Autoren zur Wiedervereinigung. Osnabrück (Universitätsverlag Rasch) 2002, 181–210

Wolfgang Emmerich, Kleine Literaturgeschichte der DDR. Erweiterte Neuausgabe Berlin (Aufbau Verlag) 2005 (2. Aufl.)

Frank Thomas Grub, «Wende» und «Einheit» im Spiegel der deutschsprachigen Literatur, Berlin–New York (de Gruyter) 2003, Bd. 1: Untersuchungen; Bd. 2: Bibliographie

Frank Thomas Grub, Gestürzte Denkmäler – ratlose Helden. Autorenporträt Jens Sparschuh; in: Der Deutschunterricht 1/2000, S. 87–95

Gisela Kreißig, Berlin-Romane zur Wende, Saarbrücken 2002 (unveröffentlichtes Manuskript)

Susanne Ledanff, Die Suche nach dem «Wenderoman» – Zu einigen Aspekten der literarischen Reaktion auf den Mauerfall und deutsche Einheit in den Jahren 1995 und 1996
www.alpha.dickinson.edu/departments/germn/glossen/heft2/wende.html

Volker Wedeking, Die deutsche Einheit und die Schriftsteller. Literarische Verarbeitung der Wende seit 1989, Stuttgart–Köln–Berlin (Kohlhammer) 1995

Volker Wedeking, Jens Sparschuh; in: Metzler Autoren-Lexikon, 2004, S. 705 f.